小学班主任
工作艺术

主　编　张道祥

副主编　陈秀珍 孔令桐

编　委　于林山 岳云艳 韩安庄

韩美荣 颜廷凤 霍艳青

（按姓氏笔画为序）

首都师范大学出版社
CAPITAL NORMAL UNIVERSITY PRESS

图书在版编目（CIP）数据

小学班主任工作艺术 / 张道祥主编．—北京：首都师范大学出版社，2012.4（2020.8重印）

ISBN 978-7-5656-0724-0

Ⅰ.①小… Ⅱ.①张… Ⅲ.①小学－班主任工作－研究 Ⅳ.G625.1

中国版本图书馆CIP数据核字（2012）第072258号

小学班主任工作艺术

张道祥 主编

责任编辑 顾银政
封面设计 乔婷婷

出　　版 首都师范大学出版社
地　　址 北京市海淀区西三环北路105号（100048）
电　　话 总 编 室：010-68418523
团　　购：010-58802818
新华书店：010-68418521
网　　址 www.cnupn.com.cn
邮　　箱 zunshiyuan@hotmail.com

印　　刷 三河市博文印刷有限公司
版　　次 2012年4月第1版
印　　次 2020年8月第6次印刷
开　　本 710mm×1000mm 1/16
印　　张 10.25
字　　数 113千字
定　　价 25.00元

前　言

一个人最初的习惯、兴趣、人生观、世界观、价值观等大都是在小学阶段养成的，因此小学阶段班主任责任重大，从某种意义上可以说小学班主任是影响孩子一生的人。教育部颁发的《关于进一步加强中小学班主任工作的意见》明确指出："班主任岗位是具有较高素质和人格要求的重要专业性岗位"，"在普遍要求全体教师都要努力承担育人工作的情况下，班主任的责任更重，要求更高。做班主任和授课一样都是中小学的主业，班主任队伍建设与任课教师队伍建设同等重要。"加强班主任的专业学习，提高班主任的专业素养，是班主任专业发展的重要环节，更是学生发展的重要基础。班主任的教育理论素养是班主任专业化的核心内容，加强教育理论的学习，已经成为当前促进班主任专业化的重要举措。因此，编写一本好的班主任教材，是多年来班主任工作研究人员孜孜以求的。我们认为，编一本好教材的关键是对它有科学的定位，小学班主任工作艺术是师范教育中一门旨在培养小学教育专业师范生初步班主任工作的基础性课程。本书在编写的过程中力求凸显以下几个特点：一是融合现代教育学的观念和思想，在理论和学术上适当反映国内外的一些较新的班主任工作研究成果，体现时代性。二是注重与当今小学班主任工作的现实结合，体现实践性。三是在教材内容方面，我们大胆吸收了相关学科的研究成果，体现新颖性。四是在撰文著述讲究复杂术语的今天，对本书的文字我们力求通顺、流畅、讲平常话，深入浅出，不刻意追求高深，尽量用一些最普通、平常的语言文字来表达思想，体现可读性。

本书是集体智慧的结晶，从立题到成书，各位编者付出了大量劳动。全书由张道祥草拟提纲，参加编写的人员及所执笔的章节（按照章节先后为序）如下：于林山：第一章；霍艳青：第二章；韩安庄：第三章；韩美荣：第四章；陈秀珍：第五章；岳云艳：第六章；孔令桐：第七章；张道祥：第八章；颜廷凤：第九章。最后由张道祥、陈秀珍统稿和定稿。

在本书的编写过程中，我们借鉴、参阅和引用了国内外许多有关的研究成果，在此谨对这些成果的著作权人和作者表示最诚挚的感谢和敬意！

本书可作为高等师范院校小学教育专业的班主任教材，也可作为小学教师继续教育教材使用。在使用中，书中的个别章节可根据情况灵活选学。

由于水平所限，这本教材不妥之处必定存在，诚恳希望从事小学班主任工作的老师以及班主任理论研究的专家学者不吝指教，也希望广大读者朋友提出宝贵的批评意见，以匡正之。

做一名小学班主任看起来很平凡，要当好却并非易事。班主任工作既是一门学问，又是一门艺术。“高山仰止，景行行止。虽不能至，然心向往之。”我愿以此与本书的全部编写成员共勉，以表达我们对编写一部精品小学班主任教材的不懈追求。

张道祥

2012 年 3 月 28 日

目录
contents

第一章
班主任的专业发展

教育部颁发的《关于进一步加强中小学班主任工作的意见》明确指出，“班主任岗位是具有较高素质和人格要求的重要专业性岗位”。班主任专业化是一种认识与理念。班主任必须具备专门的素养，必须经过专业的训练和培训。班主任专业化也是一种过程。在群体层面上，是指班主任工作获得一定的专业地位、专业权利、专业资格体制与学术地位的过程；在个体层面上，是指个人逐步掌握班主任工作的专业要求，不断走向专业成熟的持续过程。

第一节　班主任的角色定位

班主任是班集体的组织者、教育者和管理者，是学生健康成长的引路人，是学校管理的中坚力量，是班级教育力量的协调者。

一、班级与班主任

（一）班级及其产生

班级是现代学校制度的产物，是学校工作的基本组成部分。班级是学校教育中由年龄相近、水平相当的学生组成的基本组织形式。

1. 班级是班级授课制的产物

现代学校的班级是与班级授课制的建立联系在一起的。班级授课制公认的奠基人是17世纪捷克教育家夸美纽斯（1592—1670）。他在《大教学论》中设计的“国语学校”的教育方式为：“国语学校的一切儿童规定在校度过六年，应当分成六个班，如有可能，每班有一个教室，以免妨碍其他班次。”[1] 班级授课制逐步发展成熟起来是在18、19世纪的欧美国家。

2. 班级是学校的基层教育组织

从个别教学到班级教学，不仅意味着原本分散教学的对象现在组织到了一起，而且意味着学校教育活动产生了质的变化。班级并不只是许多个体的简单集合，它一旦建立就作为一种教育影响因素而存在。教师的影响通过班级环境对学生发生作用，班级本身也成了影响学生发展的因素，班级作为一种教育组织而存在了。原本学校是一个大的教育组织，现在学校由许多班级组织构成，教育活动在具体的班级组织中开展，班级成为学校的基层教育组织。

（二）班主任及其沿革

1. 学校班级出现的同时产生了班级管理者

有了班级就需要班级的管理者，既然教学不再是一对一地进行，教师不再是面对个别或少数学生开展教学活动，教师的工作任务也就发生了变化，同时，对教师的角色也提出了新的要求。

---

[1] ［捷］夸美纽斯. 大教学论［M］. 傅任敢，译. 北京：人民教育出版社，1984：230.

一个以班级为对象的教育角色——“班主任”产生了。班主任是学校任命、委派负责组织、教育、管理班级的主任教师，其职责即组织、教育、管理好班级。

2. 我国班主任的产生与发展

我国教育实践中最早使用“班主任”这一名称是在中国共产党领导的老解放区。在绥德专署教育科的《小学训导纲要》中，在强调教导合一时，提到了“班主任”这一名称。《小学训导纲要》中说：“实行教导合一制，必须加强班主任的责任，否则教导主任就忙不过来。”[1]1949 年 7 月 21 日，《陕甘宁边区政府关于新区目前国民教育改革的指示》中说：“废除训、教分立制度，实行教导合一。在学校组织上（适用于完小）校长下设教育主任。取消级任导师，班设主任教员。”中华人民共和国成立以后，也曾一度在中小学设级任主任，后又撤销级任主任设班主任。[2]1988 年，随《小学德育纲要（试行草案）》和《小学德育大纲（试行稿）》的颁发，同时颁发了小学和中学班主任工作暂行规定。在我国的教育实践中，已经形成了与各级各类学校教育相对应的班主任工作体系，并且逐步向专业化方向发展。

二、班主任的地位和作用

（一）班主任是班集体的直接组织者、教育者和管理者

班主任是班集体的培育者，对班集体的形成和发展起着重要作用。儿童从入学开始，就从家庭进入了班级，班级风气的好坏对小学生成长的影响是巨大的。一个良好的班集体就是一种教

---

[1] 陕西师范大学教育研究所．陕甘宁边区教育资料：小学教育部分（上）[M]．北京：教育科学出版社，1981：277.

[2] 教育大辞典编纂委员会．教育大辞典：第一卷［Z］．上海：上海教育出版社，1990：233.

育力量，对于培养小学生的集体主义思想、良好的品德和行为习惯，发展他们的智力、能力和个性，促使他们身心和谐健康发展等，都有着十分重要的意义。然而，良好的班集体不是自发形成的，它是班主任创造性的发挥和辛勤培育的结果。没有他们的辛勤劳动，就不可能有良好的育人环境。

（二）班主任是学生身心健康成长的引路人

小学班主任是儿童知识的启蒙者、智力的开拓者、心灵的陶冶者、健康成长的监护人。小学生一入学接触到的第一位教师就是班主任，和学生接触最多的也是班主任。小学班主任工作是细致的、具体的。小学生正处在长身体、长知识的阶段，处在思想品德逐步形成的时期，是成长的关键时期，因此，要求小学班主任不断学习新知识、研究新情况、解决新问题，倾注满腔热情来引导他们步入人生的征程。

（三）班主任是小学管理队伍的中坚和先锋

学校教育工作的目标是要把学生培养成为有理想、有道德、有文化、有纪律的社会主义建设者和接班人，学校要全面贯彻执行国家的教育方针，实施学校教育工作计划，开展教育教学工作，组织各种活动等，都是要通过以班级为单位来实现的，而班级的组织、教育、管理又非班主任莫属。学校工作计划的实施，必须通过班主任把全体学生组织和发动起来，把班级各方面的力量统一起来，从班级的实际出发，抓好班级的思想教育、课堂教学以及组织开展各种活动。小学班主任是学校工作计划的执行者，是落实学校各项规章制度的实施者，是学校思想品德教育工作、组织管理工作以及校内外开展有关教育活动的组织者和指导者。

实践证明：班主任是保证学校教学秩序正常化的基本力量。班级工作搞得出色，则班级朝气蓬勃，学校的各种规章制度都能自觉执行，各项任务都能积极完成。班主任的工作保证了学校计划的实施。离开了班主任，学校要实施教育计划，促进学生德、智、体诸方面的发展，几乎是不可能的。因此，学校工作一大片，抓好班主任工作是关键。[1]

（四）班主任是班级各种影响因素的协调者

小学班主任是沟通学校教育和家庭教育的桥梁。班主任要充分利用家长会、家长学校、家访、家长听课日、接待家长来访等形式，密切学校和家长之间的关系，注重学校教育和家庭教育的双向交流，形成教育的合力。一名学生、一个班集体的健康成长，是各种教育力量协调配合的结果，既有班主任的教育培养，也有任课教师、少先队组织、学校、家庭以及社会有关方面的影响作用。在各种教育力量中，班主任是组织者、协调者，是联系任课教师的纽带，是沟通学校、家庭、社会的桥梁。[2]

第二节　班主任的专业化

加强班主任专业化建设是教育发展的时代要求。班主任专业化是一种认识与理念，即承认班主任是教育内部特殊的专业工作者，必须具备专门的素养，必须经过专业的训练和培养；班主任专业化是一种过程，在群体层面上，指班主任获得一定的专业地位、专业权利、专业资格与学术地位的过程；在个体层面上，指个人逐步掌握班主任工作的专业要求，不断走向专业成熟的持续过程。

---

[1] 黄正平．专业化视野中的小学班主任［M］．长春：东北师范大学出版社，2005：12-13.

[2] 同上。

一、班主任专业化的内涵

班主任专业化的内涵要比一般教师更加丰富，有其自身的特殊性。能够上好课的教师，却当不好班主任的情况并不少见。

专业是专门从事某种学业或职业的学问。专业化则是职业迈向专业目标的努力过程。班主任专业化的内涵基本上与教师专业化的内涵相近。教师专业化是指教师在获得国家规定的学历标准的基础上，建立现代教育理念，培养崇高的职业道德，并经过教师职业培训而获得必要的专业知识、专业能力和教师资格，确保专业地位的过程。1979 年 11 月，教育部、财政部、国家劳动总局发出的《关于在全国普通中学和小学公办教师中试行班主任津贴的通知》，不仅体现了党和政府对班主任工作是专业性很强的复杂劳动的肯定，也标志着班主任专业地位的进一步提高和专业职责的进一步明确。1998 年 7 月，原国家教委又制定了《中（小）学班主任工作暂行条例》，提出了小学班主任的 7 条职责，要求班主任对他们所辖班级学生的生活、学习、工作以及学生的素质和班集体形成与发展承担重要责任，要对学生和班集体进行教育和管理。由此可见，班主任专业化就是以教师专业化为基础，以专业的观念和要求对班主任进行选择、培养、培训、管理和使用的过程。主要包括：在职业道德上，从一般的道德要求向专业精神发展；在专业知识和能力上，从“单一型”向“复合型”发展；在劳动形态上，从“经验型”向“创造型”发展。

二、班主任专业化的特殊性

班主任专业化是一种特殊类型的教师专业化。班主任专业化的要求与内容与非班主任教师专业化的要求与内容有共同的方面，同时又有其特殊的方面。共同的要求与内容包括：任教学科的专业化，教育知识、教育能力的专业化以及对教师道德的要求。任教学科的专业化，是所有教师都应当努力以求实现的目标，班主任不能例外。对班主任来说，学科教学更应当成为其实施班级教育的一种渠道、一种操作系统，除了应具备一般任课教师的基本素质外，还应对其提出一些更广、更高、更深的要求。班主任作为特殊类型的教师，其教育工作的特殊性决定了其专业化的特殊性。班主任的主要职责是组织、教育、管理班级，促进学生德、智、体等方面的全面发展。

三、班主任专业化的意义

班主任工作是一项复杂的专业劳动，班主任是专业工作者，这种认识已经被大多数人所接受。经济全球化，价值多元化，信息网络化，给班主任工作提出了更新、更艰巨的挑战；经济、文化、生活条件的优越，独生子女的增多，增加了学生教育管理工作的难度；班主任队伍的年轻化、经验不足、威信不高、责任心不强，给班集体建设带来了严重影响。因此，班主任专业化是时代的呼唤、现实的需要，加强班主任专业化建设是一个重要的研究课题。

（一）加强班主任专业化建设是时代的呼唤

促进人的全面发展是新时期全面建设小康社会和社会主义现代化建设的重要目标，也是教育活动的根本所在。班主任是以完整的人作为工作对象的。因此，班主任就必须具有促进人全面发展的知识和相应的教育技能，班主任的知识、能力和素质应当向现代社会领域全方位扩展。班主任工作是一门专业性很强的工作。21 世纪的班主任必须经过专门的系统训练，必须具备班主任工作的专业性系统知识。班主任专业化是时代的呼唤。

（二）加强班主任专业化建设是现实的迫切需要

我国有数以百万计的班主任，他们是社会主义精神文明建设的一支重要力量，他们既是学校进行教育、教学工作的骨干，又是学生健康成长的良师益友。他们在工作中积累了丰富的经验，其中也涌现出了大批优秀的班主任。随着教育改革的深化，他们与教育理论工作者从实际出发，开展了对班主任工作的规律性、科学性的研究活动，促进了教育教学理论的发展，为形成班主任工作的专业理论、建立一门独立的班主任工作学、实现班主任工作专业化积累了资源，创造了条件。事实表明，班主任不是每个教师都自然能担任的，也不是每个教师都自然能当好的。因此，加强班主任专业化建设是现实的迫切需要。

（三）加强班主任专业化建设也是教师专业化发展的必然要求

教师是一项既高尚又专门的职业，教师专业化是世界教师教育的发展潮流和趋势。联合国教科文组织和国际劳工组织在 20 世纪 60 年代就倡导“教师应当成为一门专业”。班主任工作专业化是教师专业化向纵深发展的必然要求，班主任在学生素质发展中的地位与作用日益受到广泛的关注，人们逐步认识到，现代班主任不仅仅是班集体的组织者、教育者、管理者，同时还是学生主要的“精神关怀者”和影响学生成长发展的“重要他人”。为此，现代班主任应当成为具有专门的职业理论、专门的职业道德、专门的职业技能的专业工作者。相对于教师专业化而言，班主任工作专业化是一个更微观的领域，同时，班主任工作专业化研究还有助于丰富教师专业化研究的内涵。

（四）加强班主任专业化建设是提高班主任社会地位和班级建设水平的关键

班主任社会地位的提高，尽管与党和政府的重视及社会、家庭的信赖有关，但是，仅靠改善待遇和提高声誉是远远不够的。班主任只有自己行动起来，努力提高专业知识和专业能力水平，使自己从经验型的班主任向研究型的班主任发展，使自己的专业成熟程度不断提高，真正成为训练有素的、不可替代的角色，才能从根本上改变班主任的职业形象，提高班主任的社会地位和学术地位，使班主任工作成为令人尊敬和羡慕的职业。[1]

第三节 班主任的专业素养

专业是社会分工、职业分化的结果，专业素养的确认是社会进步的标志。班主任的专业素养是指班主任在职业生涯中，通过专业训练，习得班主任工作的专业知识和技能，以及长期修养所形成的专业情意。[2]

班主任专业素养包括专业情意、专业知识和专业技能。其中，专业情意是前提，专业知识是基础，专业技能是关键，三者构成班主任专业化不可缺一的整体。

一、班主任专业情意

专业情意是指班主任工作的思想认识、情感态度、价值观念和班主任本身所具有的教育思想、管理理念、学生观等方面的素养。专业情意是规范班主任专业行为的保证，是班主任专业成熟的必要条件，在班主任专业素养结构中居于核心位置。班主任专

[1] 黄正平．专业化视野中的小学班主任［M］．长春：东北师范大学出版社，2005：16-17.
[2] 黄正平．专业化视野中的小学班主任［M］．长春：东北师范大学出版社，2005：35.

业情意的养成，就是把班主任专业情意的基本准则和基本要求转变为班主任自身的素养和行为的过程。

（一）专业理想

班主任的专业理想是班主任对成为一个成熟的专业班主任的向往与追求，它为班主任提供了行动目标，是推动班主任专业发展的内在动力。相较于身外的说教、示范和激励，教育信念的力量更本质，也更稳定、更持久，是做好班主任工作的基础性条件。如果班主任对自己的工作充满了信心和兴趣，那么，他会甘于清贫、甘于寂寞，便会无怨无悔，他的工作会更主动、更积极，他的眼光会更敏锐，思维会更活跃，能从寻常的教育教学活动中获得不寻常的发现，取得更优质的工作效果，在整个工作过程中他就会充分享受职业幸福感。

（二）专业情操

班主任的专业情操是班主任对教育教学工作带有理智性的价值评价的情感体验，是构成班主任价值观的基础，也是班主任专业情意发展成熟的标志。班主任的专业情操包括：理智的情操，即由于对教育功能和作用的深刻认识而产生的光荣感与自豪感；道德的情操，即由于对班主任职业道德规范的认同而产生的责任感和义务感。这里我们重点谈谈班主任的道德情操，即班主任应具有的责任意识。班主任作为学校教育的组织者、执行者，是党和国家教育方针的主要贯彻者，不仅决定着学校教育的质量，而且决定着学校教育的政治方向。因此，班主任必须是一个热爱祖国、关注社会、具有强烈责任意识的人。

（三）专业性向

班主任是以对学生的培养教育为其专门职业的劳动者，其劳动的社会价值、性质、过程和其他行业相比，具有特殊的规定性。班主任的专业性向是指班主任在教育教学活动中，正确处理各种关系，成功从事教育教学工作所应具备的人格特征，或者适合教育教学工作的个性倾向，对班主任的行为起根本指导作用。

（四）专业理念

专业理念为教师专业行为提供了理性支点[1]，有没有对自己所从事的职业的理念，是专业人员和非专业人员的重要差别。教育理念是指教师在对教育工作本质的理解基础上所形成的关于教育的观念和理性信念。教育理念直接或间接地决定、指引或调节着教师的教育教学活动。班主任工作是培养人的工作，随着社会的变迁，人们对人的认识、对教育的理解会不断深入，这就要求班主任能够敏锐地把握教育改革和班主任工作的最新动向，在审问、慎思、明辨的基础上有选择地予以接纳，不断更新自己的教育思想，校正自己的工作理念。[2]

二、班主任专业知识

一位优秀的教师未必是一位优秀的班主任，但一位优秀的班主任首先必须是一位优秀的教师，他除了应该精通所教学科的专业知识和技能，熟悉现代化的教学手段和新型的教育技术，掌握心理科学和教育科学方面的知识，还必须掌握作为班主任的专业班级管理知识。简而言之，班主任的专业知识必须包括三个方面：

（一）广博的教育理论知识

教育工作是一项十分复杂的实践活动，有其特殊的规律，班主任只有了解教育的客观规律，按照教育规律了解学生、研究学生，

[1] 叶澜，白益民，等．教师角色与教师发展新探［M］．北京：教育科学出版社，2001：230.
[2] 黄正平．专业化视野中的小学班主任［M］．长春：东北师范大学出版社，2005：16-17.

才能有效地引导学生健康成长。如果不懂教育规律，缺乏教育学、心理学的系统理论知识，工作就难免事倍功半，甚至陷于盲目。

（二）坚实的学科专业知识

班主任首先是一名学科专业教师，马卡连柯说过："学生可以原谅教师的严厉、刻板，甚至吹毛求疵，但不能原谅他的不学无术。"的确，要想把几千年来人类创造积累起来的丰富的科学文化知识传递给学生，转化为学生的素质，就必须要有扎实的专业基础知识，时刻注意它的新发展、新成就，努力使自己的学科专业教学同先进的理论和技术联系起来，并能进行深入的钻研，达到"专"的程度。除"专"之外，班主任的知识还要"博"。正如前苏联教育家苏霍姆林斯基所说："只有当教师的知识视野比学校教学大纲宽广得无可比拟的时候，教师才能成为教育过程的真正能手、艺术家和诗人。"

（三）专业的科学管理知识

组织、教育、管理班级是班主任的职责，是班主任教育劳动的主要内容，是班主任生命活动（"生命活动"包括精神活动、社会活动）的主要组成部分。班主任正是通过组织、教育、管理班级来发挥其指导作用的，而利用班委会和少先队的力量，调动学生的积极性，形成独特的班级文化，驾驭和调节好班级气氛等，都需要在科学管理理论的指导下积极实践，这就要求班主任必须掌握专业的、科学的班级管理知识。

三、班主任专业技能

技能（Skill）是一个心理学概念，指的是在练习基础上形成的按某种规则或操作程序顺利完成某种智慧任务或身体协调任务的能力。[1]班主任的专业技能，是指班主任在不同的教育教学情境中，运用与教育教学有关的知识与经验，顺利自如地完成需要复杂决策的操作任务的能力，是班主任教育教学能力的综合体现。在目前的教育实践活动中，学生知识结构体系越来越庞大，思想越来越活跃，新情况、新问题层出不穷，班主任专业技能的训练和提升越来越重要，越来越迫切。专业技能实际上是一种实践性知识。班主任的专业技能“是一种体现班主任个人特征和教学智慧的知识，标志着班主任专业发展的重大进步”。[2]

（一）扮演多种社会角色的技能

班主任必须具备一定的角色技能，即有效扮演多种角色的能力。因为学生的生理、心理各方面都还不够成熟，作为全面关心学生发展的教师，班主任还要扮演许多角色：扮演学生的父母，照顾他们的起居饮食；扮演学生的知心哥哥、知心姐姐，抚慰他们的心灵；扮演正义的使者、公正的法官，以及无所不知的学者……在现代教育实践中，班主任首先应该学会扮演这样几种基本角色：极富亲和力的长者；严格的训导者；平等的交流者；具有责任感的维权代言人。

（二）高超的沟通交流的技能

与人沟通交流的技能是指班主任主动与学生、家长、同事等建立良好的人际关系并与之进行有效交流的能力。这是班主任专业技能的一个重要组成部分，是实施素质教育的基本保证。

（三）良好的协调技能

我们的教育对象处在非常复杂的社会环境中，时时刻刻接受着多方面、多层次的影响。班主任的影响在多大程度上能够成

---

[1] 邵瑞珍．教育心理学［M］．上海：上海教育出版社，1997：59.

[2] 叶澜，白益民，等．教师角色与教师发展新探［M］．北京：教育科学出版社，2001：232.

功，取决于班主任在多大的层面上协调各种关系，尤其是学生与任课老师、与家长的关系。

（四）较强的组织管理技能

班主任是班级管理的组织者和领导者，班级管理既要充分调动广大学生参与管理的积极性，又要发挥班干部放手管理的主动性。这要求班主任具有较强的组织管理技能，缺少这种技能，班级工作极易陷入杂乱，顾此失彼，即使再卖力，也只能事倍功半。

第四节　班主任专业化发展的途径

班主任教育服务的特殊性和优秀班主任的成长经验表明，不断接受专业引领、开展同伴互助、坚持班集体建设的实践与反思是班主任专业化发展的有效方式。

一、科学构建班主任专业化培训机制

学校要从制度上为每一个班主任创设一种公正、宽容和相互尊重的民主气氛，体现对班主任工作的理解和尊重。班主任考评规则的制定，要体现以人为本的思想，一定要在理解、关怀的前提下激励班主任成长。

要促进班主任的专业化发展，需要建立一种系统、科学且富于激励作用的班主任成长的专业化培训机制，要改变简单灌输理念的传统培训方式，减少低效培训，强调“做”中学，在生动的教育实践中展开。培训不仅仅是听报告、经验交流，也应该包括到兄弟学校考察、班主任沙龙、读书活动、主题班会、综合实践活动、脱产进修、高层次的深造以及心理健康辅导，等等。总

之，班主任培训要围绕把班主任培养成学者型的实践家和实践型的专家学者这一目标进行。

要加快班主任的专业化发展进程，就应该减少学校决策层与班主任队伍之间的间隔层次，建立以校长为首的领导层和年级组长层为主的两层行政结构；改变过去传统的垂直传递信息的组织沟通方式，增加横向联系与沟通；尽最大可能地将决策权向班主任队伍倾斜，让班主任拥有充分的自主权和决策权，从而形成以班主任队伍为基层的扁平化的学校组织结构；通过改革教辅人员的岗位设置或设置“资源教师”岗位来减轻班主任的工作负荷。

二、大力倡导班主任走专业化成长道路

促进班主任专业化成长，应大力倡导班主任走“学习—实践—反思—科研—再实践”的专业化成长道路。

首先，班主任要有强烈的学习意识。一方面要向书本学习，养成读书习惯，书籍是人类进步的阶梯，要终生与书本结下深厚友谊；另一方面向有经验的优秀班主任学习。只要有强烈的求知欲和追求自我发展的进取心，就一定能胜任班主任工作，并且一定会成为优秀班主任和班级管理的优秀专家。

其次，在教育实践中，要充分重视和运用班主任自身人格魅力的教育力量。俄国著名教育家乌申斯基说：“在教育中，一切都应当以教育者的人格为依据。因为教育的力量只能从人格的活的源泉中产生出来，任何规章制度、任何人为的机关，无论设想得如何巧妙，都不能代替教育事业中教师人格的作用……离开教育者人格对受教育者的直接影响，那么真正深入到性格的教育是不可能的。”

再次，要养成自我反思的职业习惯。所谓反思，就是班主

任把自己作为研究的对象，研究、反省自己的教育实践、教育观念、教育行为及教育效果，以便对自己的教育观念进行及时调整。或者说，反思是指班主任在自己的教育实践过程中，批判地考察自己的行为，通过回顾、诊断、自我监控等方式，或给予肯定、支持与强化，或给予否定、思索与修正，从而不断提高其效能。反思，就是让班主任对日常的教育管理过程进行全方位考察，以积极的心态去分析、提炼管理过程与教育结果所蕴含的教育价值，从而作为新一轮班级管理的生成性资源。

第四，科研。班主任要深入地钻研教育科学，注意探索、研究班级教育管理过程的微妙细节，大量地、认真地观察学生和分析学生，把班级作为班主任的实验基地，并以所碰到的问题为科研课题，坚持写班主任工作反思札记，把实效性的教育经验落实到文字上，这既可以激发班主任的学习热情，又可以提高班主任队伍的理论水平，充分形成合力，多层次、多角度地研究教育理论问题，提高班主任的科研能力和学术水平。

第五，通过上面四个过程的交互影响，班主任的专业能力和素质就会不断提高和升华，"再实践"这个环节必定会使班主任更加成熟，工作更加游刃有余。

一切最好的教育方法，一切最好的教育艺术，都产生于教师对学生无比热爱的炽热心灵中。班主任专业化发展是个复杂的系统工程，是一项充满挑战性的工作，需要研究解决的问题纷繁复杂，教育行政部门和学校要从制度上为每一个班主任教师创设公正、宽容和相互尊重的民主环境，共同促进班主任专业化发展。[1]

[1] 蔡福彪．如何促进班主任专业化发展［N］．教育导报，2009-06-04.

第二章
认识小学生

教育对学生的身心发展起主导作用，而教育学生是以认识学生为基础的。小学生已经进入儿童期，其生理、心理及学习特点相对于幼儿期有了不同的变化。小学生在生理发展上，是相对平稳的时期，而在心理上则发生了巨大的变化。作为小学班主任，必须掌握了解学生的方法，认识小学生的发展特点，才能有的放矢地进行教育。

第一节　认识小学生的原则与方法

俄国著名教育家乌申斯基在其著作《人是教育的对象》一书中指出："如果教育家希望从一切方面去教育人，那么就必须首先从一切方面去了解人。"要教育好学生就要先了解学生。小学班主任的工作对象是一群天真烂漫、充满朝气、正在成长的孩子，要想做好班主任工作，管理和教育好学生，首先必须了解学生，这是班主任成功教育学生的前提条件。

一、认识学生的原则

班主任真正全面、深入了解班级和每个学生是不容易的，即使天天与学生待在一起，如果事先没有明确的目的要求，没有正确的指导思想，或与学生的关系不融洽，没有一定的教育科学和心理科学的修养和机智，很难真正认识学生，更谈不上科学地研究学生。班主任要真正做到全面深入地认识学生、科学地研究学生，必须重视以下几个原则：

（一）教育性原则

教育性原则是指认识学生是为了采取正确的教育方法教育学生，更好地指导学生发展。班主任在获得了学生各方面的内容与信息后，要进行科学分析，不能把认识的目的放在“分类”、“贴标签”、“抓把柄”上，这样会极大地挫伤学生的自尊心，陷入教育的误区。

（二）全面性原则

全面性原则是指班主任对学生既要有全面的认识，又要把全体学生作为认识的对象。全面地了解和研究学生，应该包括学生的各个方面：要了解学生的学习，还要了解学生的思想情感；要了解学生在校的表现，还要了解学生在家庭、社会上的表现；要了解学生个人的情况，还要了解、研究学生和学生之间、学生与班级之间的关系等方面的情况。全面认识学生，要了解所有的学生，因此，班主任不但要了解骨干学生，也要了解一般的学生；不但要了解各方面表现好的学生，也要了解某一方面表现差的学生。作为班主任，要“抓两头，带中间”，面向全体学生，方能收到好的效果。

（三）发展性原则

发展性原则是指班主任要用动态的眼光来看待学生，不能把学生固定在目前仅有的状态中。班主任要树立“人人都能成才”的观念，以发展的眼光去评价学生，充分肯定学生的优点，正确对待学生的缺点，不能因为学生一时的落后或者犯错，就把学生贴上“差生”或者“坏学生”的标签，用另类的眼光看待；要相信每个学生都有发展的潜力，研究每个学生的特点，关心学生，爱护学生，促进学生身心的健康发展。

（四）经常性原则

经常性原则是指班主任了解学生不能一劳永逸，要经常地了解和研究学生，将学生在各个时期的表现记录下来，并对其进行分析，了解其发展变化的方向，做好学生的教育工作。

（五）及时性原则

及时性原则是指在新学期开始或发生偶发事件后，班主任应在尽可能短的时间内，对学生或事情的来龙去脉有个整体把握，并在此基础上进行分析，找到解决问题的方法。及时地了解学生，要善于捕捉征兆，发现苗头，防微杜渐。班主任只有对学生的情况及时了解，才能更有针对性地进行教育，班主任工作才会收到事半功倍的效果。

二、认识学生的方法

没有了解就无从教育，方法正确事半功倍，方法错误事与愿违。班主任认识学生虽无定法之说，但有方法可论。

（一）观察法

观察法是指班主任在自然状态下，有目的、有计划地对学生进行考查的一种方法。观察法是班主任认识学生的一种最常用的基本方法。观察是有目的、有计划、有重点地观察。班主任要善于在课堂上观察学生，还要在课外活动中仔细地观察学生。为了准确地获得学生的信息，班主任需要经常反复地观察学生，综合分析学生在不同场合的不同表现，做到系统、全面、客观。

（二）谈话法

谈话法是班主任根据一定的目的要求，通过与学生交谈获得信息的一种方法。它可以深入了解学生的思想和个性，弥补观察的不足。跟学生的谈话方式有多种，无论哪一种形式，在谈话前，班主任要做好充分准备，对谈话的目的、内容、方式、时间、地点以及如何开头等都要心中有数。在谈话时，班主任要创造和谐、轻松的气氛，消除学生拘束、紧张的情绪，使学生愿意与老师谈心、交心。谈话还要照顾学生的年龄特点和个性特征，对不同的学生要采用不同的谈话方式。

（三）书面材料分析法

书面材料分析法是指班主任根据反映学生情况的各种书面材料来了解学生的过去及目前表现的一种方法。书面材料包括两部分：一是记载学生个人情况的登记表、统计表，主要有学生的入学登记表、学籍卡片、学生手册、班级日志等；二是反映学生在校内外活动情况的日记、作文、作业、试卷等。研究书面材料可了解学生的知识水平、思想道德、健康状况、兴趣爱好以及人际关系等情况，是一种比较全面地、深入地了解学生集体和个人的常用方法。如通过查看学生的作文、周记，不仅可以了解学生的语文水平，而且可以了解学生的内心想法和思想状况。

第二节　小学生的生理特点

小学生的生理发育是衡量其健康状况的重要指标，也是其心理发展的基础。研究和了解他们生理发育的规律以及特点，对教育工作有重要的指导意义。小学生的生理发展可以从两方面进行分析：

一、小学生身体的发育及特点

小学生的年龄一般为 6 ~ 7 岁至 11 ~ 12 岁。其中的 6 ~ 9 岁属于儿童期，10 ~ 12 岁属于青春期早期。在儿童期，体格发育基本上是平稳的。

（一）身高与体重

小学生身高平均每年增长 4 ~ 5 厘米，体重平均每年增加 2 ~ 3 千克，胸围平均每年增宽 2 ~ 3 厘米。10 岁以后，随着青春期的到来，体格进入快速发育阶段。这时男孩一般每年可增长 7 ~ 9 厘米，个别可长 10 ~ 12 厘米；女孩一般每年可增长 5 ~ 7 厘米，多的可长 9 ~ 10 厘米；体重每年可增加 4 ~ 5 千克，有的可增加 8 ~ 10 千克。女孩青春期发育比男孩早约 2 年，所以在 10 岁左右，女孩身高由以前略低于男孩开始赶上男孩，超过男孩；12 岁左右，男孩青春期身高开始突增，而此时女孩生长速度已开始减慢，到 13 ~ 14 岁，男孩身高生长水平又赶上女孩，超过女孩。

（二）骨骼与肌肉

小学生的骨骼骨化尚未形成。骨骼组织含水分多，含钙盐成分少，使骨骼硬度小、韧性大。小学生不易发生骨折，但容易发生变形。因此，要特别注意学生坐、立、行、读书、写字的正确姿势的培养训练，尤其要防止驼背的产生。

小学生的肌肉发育呈现两个特点：第一是大肌肉群的发育比小肌肉早；第二，先是肌肉长度增加，然后才是肌肉横断面增大，肌肉纤维比较细，肌肉的力量和耐力都比成人差，容易出现疲劳。因此，小学低年级儿童适宜跑、跳、投等大动作的锻炼，而对小肌肉的精细动作不能提出太高的要求，特别是手部活动。

（三）心脏和血管

伴随着心脏、肺、呼吸肌、胸廓形态发育的同时，小学生的心肺功能也相应增强。血管发育的速度大于心脏，血液的循环量加大，新陈代谢加快。但小学生的心脏容积小于成人，脉搏频率远超过成人，且心脏每搏输出量比成人小，心脏搏动频率每分钟 80 ~ 90 次，因此要注意不要让孩子从事剧烈的运动和繁重的体力劳动，以防损害心脏。

小学生的呼吸频率随着年龄增长而递减。一般而言，6 ~ 9 岁的儿童，男孩为 23 ~ 24 次 / 分，女孩为 25 ~ 26 次 / 分，到了 10 ~ 13 岁，男女孩都为 19 ~ 20 次 / 分，而 14 岁以后基本上和成人一样，每分钟 16 ~ 18 次。与此相关的是，孩子的肺活量大小随着年龄增长而显著增加，同时，体育锻炼的情况也直接关系到肺活量的大小，家长和教师应该鼓励孩子多参加体育锻炼活动。

二、小学生神经系统的发育及特点[1]

神经系统是生命活动的重要调节系统。其中大脑是中枢神经系统最高级的部分，大脑皮层是人体进行意识活动的物质基础。大脑的发育主要是脑细胞体积的增大，突触的增多及功能的增强。小学生大脑的发育已经接近成人，6 岁时脑重约达 1200 克，7 岁大约为 1280 克，9 岁为 1395 克，12 岁时就和成人一样为 1400 克。

儿童大脑重量的增加，并不是神经细胞大量增殖的结果，而

[1] 李丹. 儿童发展心理学［M］. 上海：华东师范大学出版社，1987：102-106.

主要是神经细胞结构的复杂化和神经纤维的伸长，表现为脑神经细胞体积增大，突起分支增多，神经纤维的髓鞘化逐渐丰富。6岁左右，大脑半球的神经纤维几乎都已髓鞘化，身体受到外界刺激后，可以很快地、准确地由感觉器官沿着神经通路传到大脑的神经中枢，大脑皮层间增加了联系的可能性。

小学生大脑的综合机能已经达到新的水平，不仅能更细致地综合分析外界事物，而且更善于控制和调节自己的行为。随着学习活动的开展，小学生第二信号系统逐渐占主导地位，读、写、听能力有了飞速提高。

◘ 第三节　小学生的心理特点 ◘

小学生的生理发展处于相对平稳的状态，而小学生的心理发展则处于重大的转折期。儿童进入小学，开始系统地接受文化科学知识的教育，这一切会使儿童的心理活动发生一系列重大变化。了解小学生心理发展特点，树立科学的教育观，分析和解决小学生在发展和教育中的问题，可以促进小学生身心健康发展。

一、小学生认知发展的特点

小学生的认知发展一般是指认知能力随着年龄和经验的增长而变化发展的过程，主要包括感知、注意、记忆、思维、想象等认知过程及其品质的发展。

（一）小学生感知的发展特点

1. 小学生感知的分析综合能力不断提高

小学生，尤其是低年级的小学生，感知比较笼统，往往只注意表面现象和个别特征，看不出事物之间的联系和特点。随着心理水平的提高和知识的增长，特别是教师向他们反复提出复杂的感知任务，并指导他们进行细致观察时，他们逐步学会分析、比较事物，能找出事物的主要方面及各部分之间的联系和关系。这样，儿童的感知逐步向精确的方向发展。

2. 小学生感知的有意性、目的性逐渐加强

小学低年级儿童还不能自觉地根据一定的目的来控制自己的感知活动，不善于使自己的感知服从于规定的任务和要求。在教学的影响下，小学儿童感知的目的性、自觉性逐渐提高，感知过程成为儿童能自觉支配的过程。到了中、高年级，儿童便能在教师的指导下，按照教学的要求，排除干扰，从感知的对象中选择出需要感知的主要方面，自觉地进行观察。不仅如此，随着自制力的加强和智力的发展，小学生开始能坚持较长时间观察事物，从而保证学习任务的完成。

（二）小学生注意的发展特点

1. 小学生注意从无意注意向有意注意发展

注意有两种基本形态：无意注意和有意注意。无意注意也叫不随意注意，是一种在没有任何意图、没有预先的目的、不要求意志努力的情况下而产生的注意。有意注意也叫随意注意，是一种自觉的、有预定目的的并经过意志的努力而产生和保持的注意。有意注意是人所特有的一种高级注意形式。

刚刚进入小学的小学生注意力水平是有限的，注意的目的性很弱，无意注意仍起重要作用。随着年龄的增长，大脑机能的不断成熟，以及教学的要求和训练，有意注意逐渐占据主导地位。有意注意的发展使小学生能够有目的、有选择地去注意有意义的认知材料，提高了其学习的主动性，是认知发展的一

个重要的里程碑。

2. 小学生的注意品质不断发展

注意的品质主要有注意的广度、稳定性及注意的分配和转移几个方面。小学阶段儿童注意品质的发展主要特点如下：

（1）注意的广度

注意的广度也叫注意的范围，是指一个人在同一时间内能够清楚地觉察或认识客体的数量。由于小学生知识经验不足，他们的注意范围比成人小，尤其是小学低年级学生，其注意的范围更窄。如一年级小学生总是一个字一个字地阅读课文，注意的范围很小，到了高年级，就能把字和字连成句子阅读，并注意到句与句之间的联系，注意范围扩大了。

（2）注意的稳定性

注意的稳定性是指在一定的时间内将注意集中于某一具体事物或活动上的能力。时间越长，稳定性越高。在小学阶段，学生注意的稳定性随着年龄的增加逐步发展。研究表明，在一般情况下，7 ~ 10 岁学生可以集中注意 20 分钟左右；11 ~ 12 岁学生可以集中注意 25 分钟左右；12 岁以上学生可以集中注意 30 分钟左右。

（3）注意的分配

注意的分配是指在同一时间内把注意分配到几种不同对象或活动上的能力。小学低年级学生在同一时间内，注意只能集中在一个对象上。随着学习活动和其他活动范围的扩大以及知识技能的发展，小学生逐渐发展了注意分配的能力，中高年级学生在同一时间里可以把注意分配在几个对象上。

（4）注意的转移

注意的转移就是主动将注意从一个对象转到其他对象上的

能力。这是根据任务需要进行的主动的注意力转移。研究表明，小学生注意转移的综合反应时间随着年龄的增长而呈下降的趋势。

（三）小学生记忆的发展特点

记忆是人脑对过去经验中发生过的事物的反映，记忆是个体经验累积和心理发展的重要前提。小学生在学校教育的影响下，记忆能力不断发展，并表现出一定的年龄特征。

1. 有意识记逐渐占主导地位

小学低年级儿童，识记的有意性、目的性还很差。中年级以上的儿童学习目的逐渐明确，有意识记日益发展，逐渐占主导地位。高年级儿童识记的目的性、主动性更高，他们能按照一定的任务进行识记，并记住自己虽不感兴趣但必须掌握的东西，也能努力去记住那些记不住或难记的东西，并能检查自己的识记效果。

2. 意义记忆在逐步发展

小学低年级儿童因为知识经验贫乏，抽象思维能力尚未发展，理解能力较低，以机械记忆为主。但随着年龄的增长，知识经验的增多，言语、思维能力的逐渐发展，儿童对学习材料的理解能力逐渐增强，到三四年级以后，意义记忆开始逐渐占据主导地位。

当然，在学习过程中由于材料的不同性质，学习任务的不同要求，既需要意义记忆也需要机械记忆。有研究表明，在小学阶段，机械记忆和意义记忆的效果都随年龄增长而提高。

3. 抽象记忆在形象记忆的基础上迅速发展

小学低年级学生，由于第一信号系统活动占优势，对事物的具体形象容易记住。到了中高年级，第二信号系统逐渐占优势，他们的抽象记忆也渐渐地占主导地位。但对小学生来说，他们在记忆抽象的材料时，主要还是以具体的事物形象为基础，即形象记忆仍起着重要作用。

（四）小学生思维的发展特点[1]

1. 从以具体形象思维为主要形式向以抽象逻辑思维为主要形式过渡

小学低年级学生的思维虽然有了抽象的成分，但仍然是以具体形象思维为主。比如他们难以区分概念的本质和非本质属性，而中高年级小学生则能区分概念的本质和非本质属性，能掌握一些抽象概念。有研究表明，小学生的思维由具体形象思维向抽象逻辑思维的过渡存在着一个转折期，一般出现在四年级。如果教育得当，训练得法，这一转折期可以提前到三年级。

2. 抽象逻辑思维发展不平衡

在整个小学时期，儿童的抽象逻辑思维水平不断提高，思维中抽象的成分日渐增多，但在不同的学科、不同的教学内容中表现出不平衡性。例如，对于儿童熟悉的内容、难度小的任务，儿童思维中抽象的成分较多；而对于儿童不熟悉的内容、难度大的任务，儿童思维中的具体成分就较多。

3. 抽象逻辑思维从不自觉到自觉

小学低年级学生已经掌握了一些概念，并能进行简单的判断、推理，但他们还不能自觉地调节、控制自己的思维过程；而中高年级小学生在教师的指导下，对自己的思维过程进行调节、控制的能力有了提高，能说出自己解题时的想法，能弄清自己出错的原因，这表明他们思维的自觉性有了发展。

---

[1] 殷炳江．小学生心理健康教育［M］．北京：人民教育出版社，2003：130-132.

（五）小学生想象力的发展特点

1. 想象的有意性迅速发展

在教学过程中，教师会经常要求小学生按照教学目的产生相应的想象。例如，在读课文时，要求儿童富有感情地朗读，生动形象地讲述故事情节；在作文中，要求儿童围绕主题进行构思等。因此，他们想象的有意性就迅速发展起来。但在整个小学时期，儿童想象的主题易变性还比较明显，想象不能很有效地指向某一预定的目的，尤其对于缺乏必要的知识经验或不熟悉的事物，他们的想象往往显得简单贫乏。

2. 想象中的创造成分日益增多

小学低年级学生想象的内容常常是事物的简单再现，缺乏独立性和创造性。随着教学的深入、生活范围的逐渐扩大、知识经验的丰富、表象的积累和言语的发展，中高年级小学生的再造想象更富有创造性成分，而且以独创性为特色的创造想象日益发展起来。

3. 想象的内容逐渐接近现实

小学低年级学生的想象往往与现实不符，或不能确切地反映现实。随着学习的深入、知识经验的不断积累，中高年级小学生的想象已能够比较真实地表现客观事物，其想象的内容也趋于现实。

二、小学生的情感和意志特点

（一）小学生情感的特点

1. 情感内容不断丰富

儿童入学后，学习活动开阔了他们的眼界。通过对祖国历史、地理知识的学习，小学生产生了强烈的爱国主义情感，与同学的互帮互助，又使他们产生了友谊感和集体荣誉感，等等。这样，小学生的情感内容逐渐丰富起来。

2. 情感的深刻性不断增加

小学生的情感逐渐地与一定的行为规范、道德标准、人生观、世界观等联系起来。例如，他们不再根据表面现象把人分为“好人”和“坏人”，而是能根据一定的道德标准来评价他人、评价事物的好坏。但是，小学生的情感仍然具有某些具体性和表面性，还不能从事物的本质方面产生更加深刻的体验。

3. 情感更富有稳定性

低年级小学生容易受具体事物、具体情境的影响而变化，表现出情感不稳定。随着儿童知识经验的丰富、抽象逻辑思维的发展，以及自我意识水平的提高，小学高年级学生的情感稳定性逐渐增强。

4. 情感的可控性逐渐增强

小学低年级学生的情感带有很强的冲动性，不善于自我控制。在教师的要求和教学的锻炼下，中高年级学生控制、调节情感的能力逐渐发展起来，他们能根据学校纪律的要求约束自己的情绪，在做完作业时，能抑制自己想去玩的愿望。

（二）小学生意志发展的特点

1. 意志行动的独立性和自觉性逐渐增强

小学儿童特别是低年级儿童的行动动机和目的一般是很不稳定的，不能坚持较长时间去实现自己的动机和目的。比如，在班会上，小学生可能认真地表决心，要努力做到刻苦学习，但是过了一会儿可能又看电视或玩去了。

一般来说，小学生还不善于自己提出活动的要求，常需老师和家长提醒他们，并在老师和家长的监督和帮助下完成。在整个小学时期，小学生意志的自觉性和独立性仍在发展。

2. 自制力显著提高

有研究发现，小学生意志的自制性品质随年级升高而逐步发展，其发展趋势为：1 ～ 3 年级处于迅速发展时期；3 ～ 4 年级处于平稳时期；4 ～ 5 年级处于迅速发展时期；5 ～ 6 年级再度处于平稳时期。小学生的行为明显受诱因的干扰，随年级的升高，抵制诱因干扰的能力逐渐增强。儿童抗拒外部诱因的能力强于抗拒内部诱因的能力。

3. 意志行动的坚持性逐渐增强

有研究发现，小学生意志的坚持性品质随年级的升高而迅速发展，其中一年级至三年级发展最为迅速，年级间差异非常显著，三年级以后有一个缓慢发展的阶段，到了五年级又开始了一个新的发展阶段，年级间的差异也较显著。

三、小学生个性的发展特点

个性是指个体在发展过程中形成的比较稳定的心理特点，包括能力、气质和性格等。能力是顺利、有效地完成某种活动所必须具备的心理条件，是人格的一种心理特征。

（一）小学生气质的发展特点

由于气质的天赋性和稳定性，不同的小学生可表现出明显的气质差异。如胆汁质的小学生表现得精力充沛，情绪发生得快而强；多血质的小学生表现得活泼爱动，富于生气；黏液质的小学生表现得沉着冷静，情绪发生得慢而弱；抑郁质的小学生表现得柔弱易倦，情绪发生得慢而强。

任何一种气质类型都有积极的一面，也有消极的一面。如多血质类型，虽有朝气、灵活、易与人相处，但缺乏一贯性；而抑郁质类型，虽敏锐、细致、体验深刻，但又较冷漠、多疑。

虽然个人的气质具有极大的稳定性，但也有一定的可塑性。对小学生进行气质教育可以促进学生的学习，有助于保持学生的心理健康。

（二）小学生性格的发展特点

性格是在遗传素质的基础上，在社会环境的影响和熏陶下长期塑造而成的。性格的形成有一个发展过程，在不同的年龄阶段，性格发展表现出不同的特点。我国心理学家对儿童、青少年的性格发展与教育进行了研究，结果发现小学生的性格发展总趋势是性格发展水平随年级升高而逐渐提高：二年级到四年级发展较慢，表现出相对稳定性；四年级到六年级发展较快，表现出快速增长性。

第四节　小学生的学习特点

小学生的学习与幼儿的学习以及中学生的学习有着明显的不同。小学生已经形成对学习的适当态度，并且能够运用一定的学习策略完成有关的学习活动。

一、小学生学习的一般特点

根据朱智贤的观点[1]，小学生的学习特点可以概括为以下几个方面：

（一）学习活动成为小学生的主导活动

学龄前儿童的主导活动是游戏，游戏对幼儿的心理发展具有

[1] 朱智贤．儿童心理学［M］．北京：人民教育出版社，2003：280-283.

不可替代的作用。然而，小学生入学后，学习成为了他们的主导活动，并对小学生的心理发展有很大的促进作用。

（二）学习成为小学生的一种社会义务，具有一定的强制性

一般来讲，学龄前儿童可以按照自己的意愿或兴趣选择参加或者不参加游戏活动。而对于小学生，学习成为社会对儿童提出的要求，是一种具有严格要求的社会义务，具有一定的强制性。小学生不仅要学习他们感兴趣的东西，还要学习一些自己虽然不感兴趣但必须学习的东西。

（三）小学生的学习任务是明确而特定的

小学生学习的主要任务是掌握读、写、算的基本知识技能和参加学习集体所必需的最基本的行为规范。在小学阶段，阅读、写作、计算在小学生的学习中占有重要地位，而且必须形成熟练的技能，只有这样才能为以后的进一步学习打下良好的基础。

二、小学生的学习态度[1]

学习态度是学习者在学习活动中通过获得一定的经验而习得的，学习态度也是可以改变的。学习态度是影响学习效果的一个重要因素。在学习态度的形成和发展上，小学生对教师、班集体、作业和评分的态度是几个比较重要的方面。

（一）对教师的态度

低年级小学生无条件地信任和服从教师，教师具有绝对权威。因此，在这个时期，教师对待儿童的态度是影响学生学习态度的主要因素。

从中年级开始，小学生逐渐以选择、批评的态度来对待老

[1] 李晓东．小学生心理学［M］．北京：人民教育出版社，2003：323-326.

师。只有那些教学水平高、思想作风好、公正、公平的教师才能赢得儿童的尊敬和信任，儿童也更愿意接受这些老师的教育。

总之，教师要亲切地关怀小学生，与小学生建立相互信任的良好关系，获得小学生的尊敬与信任，这对于培养小学生良好的学习态度是十分有益的。

（二）对班集体的态度

刚入学的儿童还没有形成真正的集体关系。这时候的班集体只是一个松散的团体，儿童之间也还没有形成稳定的关系。在教学的影响和教师的组织、帮助下，小学生初步开始了比较有组织的自觉的班集体生活，初步形成集体的观念，意识到自己是班集体中的一员，有了集体荣誉感。儿童开始意识到要以优良的成绩和良好的行为取得班集体的肯定的评价。

（三）对作业的态度

刚入学的儿童还没有好好完成作业的意识。随着教师的教育和引导，他们逐渐学会安排一定时间来完成作业，也逐渐学会按老师的要求集中精力细心地完成作业。

（四）对评分的态度

低年级小学生已逐渐理解分数的客观意义，但他们常常把分数意义绝对化。从中年级起，小学生逐渐树立对分数的正确态度，开始了解分数代表的意义，并把取得优良的分数理解为完成本身职责的体现。

学生对分数的态度，在很大程度上受父母和教师对分数态度的影响。因此，家长和老师首先要正确认识评分的意义，对低分的学生不能挖苦、讽刺，对高分的学生不能给予不切实际的称赞和表扬。家长和教师对待分数的不客观、不正确态度可能会影响学生的学习积极性，导致其错误学习态度的形成。

三、小学生的学习动机

学习动机是指直接推动学生进行学习的一种内部动力。小学阶段是学习动机形成和发展的重要时期，随着家长、教师对儿童学习要求影响的增强，同时也随着儿童心理发展水平的不断提高，他们的学习动机获得迅速发展。主要表现在：

（一）社会动机不断丰富和增强

刚入学儿童的学习动机往往带有浓郁的自我色彩，支配他们学习的动机可能是获得教师的表扬或者家长的认可。随着心理发展水平的逐步提高，小学儿童的社会动机不断得到丰富和增强，主要表现在两方面：一是为了获得威信而努力学习，如希望得到家长教师的表扬、奖励，或者想当班干部等；二是把自己的学习与集体荣誉感联系起来。

（二）直接动机向间接动机发展

直接动机是指与学习活动直接联系的动机。间接动机则是与学习的长远意义相联系的动机，这类动机的作用是长远的、稳定的。随着学习活动的深入，小学儿童的学习动机逐渐由直接动机转化为间接动机，推动儿童长久的学习活动。

（三）外部动机向内部动机发展

低年级的小学儿童，学习动机往往以外部动机为主，其学习动力主要来自教师或父母的表扬、物质奖励等外在的目标。随着年级的升高，他们对学习的需求、求知欲提高了，学习的动力不再是来自外界的压力或者诱发力，而是来自内在的驱动力，学习的动机逐渐由外部动机向内部动机发展。

第三章
组建和培养班集体的艺术

科学组建并培养班集体是小学班主任工作的首要任务，也是一门艺术。班主任要在了解班级管理基本理论的基础上，根据教育教学的规律以及学生的年龄特征，创建班级文化氛围，选拔、培养好班干部，同时构建科学合理的班级管理模式，完善班级管理制度，以便引导学生学会学习、交往与做人。

◘ 第一节　班级简介 ◘

班级是社会生产力特别是教育发展到一定阶段的必然产物。随着人们所积累的知识、经验越来越多，社会对教育的要求越来越高，班级作为一种社会功能单位也就应运而生了。

一、班级的内涵

近代教育学的奠基人、被誉为“现代教育之父”的17世纪捷克教育家夸美纽斯在总结前人和自己实践经验的基础上，在其专著

《大教学论》中对班级进行了论证，奠定了班级的理论基础。我国采用班级组织形式始于1862年清政府开办的京师同文馆。

在班级发展过程中，出现了很多对于班级定义的理解。我们认为，班级是学校为实现一定的教育目的，把处于一定年龄阶段、文化程度大体相同的学生按一定的人数规模建立起来的基层教育组织。[1]

二、班级的结构

学校实施教育教学的基本单位就是班级。根据现代社会学理论，只要社会群体具有以下三个组织特征，便成为社会组织：（1）具有明确的组织目标；（2）具有严密的组织机构；（3）具有严格的组织规范。在通常情况下，班级具有上述三个特征，因此，班级也是一种社会组织。也有的研究者常把学校当做一种社会组织，把班级当做一种社会体系。从社会体系与社会组织的关系看，两者有共同的基本要素，即必须有两个以上的人，必须有固定的关系与交互作用；其差别主要是社会组织强调要实现某些特殊目标或宗旨，而社会体系则泛指一般较具固定形式的角色关系，以此为探讨社会行为的基础。

三、班级的特征

（一）学习性

班级中学生的首要属性是“学习者”，其基本任务是学习。学生学习是为将来进入社会生活做准备的“奠基性学习”。在现代社会中，青少年学生的奠基性学习，尤其是社会文化的奠基性学习不可能在个体独处的空间里完成，必须在群体生活环境中进行。

[1] 王道俊，王汉澜．教育学［M］．北京：人民教育出版社，2004：35.

班级组织正是为青少年学生提供了一种在校期间群体生活的基本环境。班级中，学生学习的内容既有社会为其安排好的如教学科目的显性课程，也有如班级组织中的各种规范、角色、人际关系等的隐性课程。我们所讲的构成班级要素的课程主要指显性课程。

（二）不成熟性

班级与其他社会组织的最大区别之处在于它是非成人组织。作为班级组织主体的学生正处于身心发展的过程之中，尽管这一发展的水平因学生的年龄而异，但就其整体相对成人来说，学生是社会成员中的未成熟者。因此，班级不可能进行完全的自我管理，必须在一定程度上依靠成人的力量。

学生的自主意识是班级实行自我管理的基础。从学生的自主意识水平来看，一般随着年龄的增长而逐步增强。尽管学生并非成人，但自主意识可以说是学生的一种近乎天性的社会性要求。不少研究表明，即使是小学一年级学生，自其入学那天起，就已开始谋求学校生活中的独立自主。从这个意义上，应当说学生对于班级组织的运行有一种近乎天性的自治倾向。

由于学生并非成人，因而在学校中对教师难免会存在着一定程度的依赖意识，尤其在学生凭借自己的力量解决问题受挫时表现最明显。经验表明，在中小学教育的整个过程中，学生的这种依赖意识是不会完全消失的，只不过依赖的程度随年龄的不同而不同。

（三）教育性

教育性贯彻在班级的任何发展阶段。如果说夸美纽斯在17世纪首创班级授课制时更多地强调班级只是作为一种“大生产”的组织在提高教学效率方面的价值的话，那么，在现代学校教育中，人们更多关注的乃是班级作为学校教育的单位对学生社会性发展的影响，这也充分说明教育性是班级的主要特点。

班级的教育性特点不仅仅表现在对学生社会化方面，也表现在促进学生个性化方面。在社会化的过程中，个性化与社会化是相容的。社会化不是以牺牲自我发展、自我表现为代价的。学习社会的文化，掌握社会的价值观念和道德规范同个人的学习兴趣、需要从来不是完全对立的。强调班级能够促进学习的个性化，就是要使人们充分认识到学校培养的不是社会机器，而应是全面发展的、具有个性的、“充分、自由、和谐发展”的人，这是教育的根本目标。[1]

（四）社会性

人的活动的首要特征是社会性，无论活动指向客观对象还是指向个人或集体，都不能脱离人的社会生活和社会关系。单个人的活动是包括在整个社会关系系统中的。离开了社会关系，人们的活动就不复存在了。活动也不是抽象的、孤立的个人生物性本能活动或适应行为，而是受一定社会历史条件制约的，体现着一定社会关系的现实人的活动。班级中的活动既反映着社会对受教育者的培养要求，又反映着社会环境的渗透和影响，只不过前者带有更多的自觉性，后者带有更多的自发性而已。在班级的活动中，学生要和教师、同学这些群体中的成员打交道，这都构成了学生们的社会关系。

第二节 创建班级文化氛围

班级文化是构成班级的一个重要因素，班级文化建设对培养

[1] 鲁洁．教育社会学［M］．北京：人民教育出版社，1990：89.

优秀团队具有潜移默化的作用。班级文化建设的内容、实施策略更是一门艺术，是一门隐性课程，具有一种无形的教育力量，是班级生存和发展的动力和成功的关键。

一、班级文化的内涵

班级文化是指一个班集体内教师和学生共同认可并遵守的价值观念和审美趋向，是由班级全体成员通过教育、教学、管理、活动所创建和形成的精神财富。班级只有在被赋予丰富的文化内涵与生命意义时，它才可能成为一种真正的教育力量，学生才能在优秀的班级文化中接受熏陶，健康成长。

二、班级文化的内容

（一）制度文化

按照一定条件组建成的班集体为实现一定的价值追求，必须有一套规范来加以保证，这就是与一定的价值追求相适应的规范。采取以人为本的管理，依据共同的价值观和文化、精神氛围进行民主化管理。在研究人的心理和行为规律的基础上，采用非强制性方式，在管理对象心目中产生一种潜在的说服力，从而把组织意志变为个人的自觉行动。这种管理方式主要从人的心理、行为、形象等诸方面去实施，具有情感性、亲和力和人文色彩，以及内在重于外在、心理重于生理、身教重于言教、肯定重于否定、激励重于控制、务实重于务虚的特征。

（二）物质文化

班级物质文化建设的主要内容是通过对所在教室环境的布置及对教室环境的要求构造一种教育和学习的外部文化环境。这个外部文化环境是人为设置的，它从一个方面体现着一个班级的精神风貌以及教育和教学的主旨。我们要求班级的教室必须是窗明几净的，地上没有纸屑，创造一个文明的学习环境。而要做到这一点是不容易的，它要求班里的师生必须要有文明的观念、文明的行为和社会公德，必须要有高度的环保意识，必须要持之以恒地与乱丢、乱吐、乱扔的不文明行为作斗争。因而实施这一要求的过程，不仅是一个爱护环境、保护环境的过程，而且是一个教育的过程，是一个创造新的文化和文明素养的过程。因此，在班级环境文化建设上，要根据学生的年龄特点组织学生精心设计和布置，使教室的每一块墙壁、每一个角落都具有教育内容，富有教育作用。

（三）精神文化

学生的精神状态往往呈现两个特点：一方面是精神荒漠化。他们过分学习，缺少休闲；过分现实，缺少理想；过分理性，缺少感性；过分功利，缺少淡然；过分练达，缺少纯真。另一方面是精神追求多元化。从前些日子的哈韩、哈美、哈日，到时下对“超级女声”的疯狂，都从一个侧面上反映了学生的精神文化的需求日趋多元化。

班级文化建设要看重的是一种氛围文化，这种文化的建设，既要满足学生的兴趣与愿望，同时，作为老师也不能不予以一定的引领。在班级文化建设中，班主任充当的是“引领者”的角色，应把学生摆在主体的位置，满足学生发展的需要。任何班级都有形成积极班级精神的可能，任何学生都有通过教育获得积极发展的需要。班主任要充分调动学生的积极性，组织开展丰富多彩的班级教育活动，充实学生的学习生活，丰富学生的精神世界。如组织开展丰富多彩的主题班会活动、各种文体竞赛活动、社会实践活动。班风是班级精神文化的重要标志，而班风的形成不是一蹴而就的，良好班风的形成和发展是以有共同的奋斗目标为前提的。

三、班级文化的作用

（一）陶冶情操

优美的校园环境有着春风化雨、润物无声的作用。整齐光洁的教室环境，美观科学的教室布置，文明健康的文化教育设施……无不给学生以巨大的精神力量。学生在优美的环境中受到感染和熏陶，触景生情，因美生爱，从而激发学生热爱班级、热爱学校，进而热爱家乡、热爱祖国的高尚品德。学生在幽静的环境中学习，感到舒心怡神，有利于增强环境保护意识。丰富多彩、健康高雅的校园文化，对低俗的、非理性的文化及各种消极腐败思想也能起到很好的抑制作用，所有这些都有利于学生正确的世界观、人生观、价值观的形成。

（二）规范学生行为

健全的规章制度及健康的集体舆论对学生的学习、生活及思想言行具有规范作用。当学生的思想言行不符合制度规范及集体舆论的要求时，他就会自我调节矫正。学生有时可能不接受老师的教育，却不能反驳同学们的批评，因为谁都不愿意成为“众矢之的”。优美的班级环境同样能规范学生的行为，试想：你会在地面光洁、环境优美的场所乱扔纸屑、随地吐痰吗？你会在雪白的墙壁上乱涂乱画吗？不会！这些不良行为都会自动消失。

（三）培养学生的集体意识和协作精神

班级文化建设是以班集体为单位的，所以要注意班级的集体形象。这就要求学生必须处理好个人和集体之间的关系，注意相互间的协作，必要时为了集体利益要牺牲个人利益，否则就会受到来自集体的人际压力。这种来自外部环境的压力和自身发展的需要都要求学生处理好个人和集体的关系，以营造一种友好互助的群体氛围。反过来，一个充满理想、团结友好的集体会使学生亲身感受到集体的温暖，体会到集体力量的伟大，从而树立个人要服从集体、“严于律己，宽以待人”、“国家兴亡，匹夫有责”的集体主义思想观念。[1]

（四）培养学生的健康个性，促进学生的心理健康

小学生也渴望精神生活的丰富多彩，而且不同的人有不同的兴趣爱好。多彩的班级文化适应了他们精神需求的多样化、个性化的特点，避免了对学生人格塑造单一化的倾向。使那些个性特长较突出的学生找到了适合自己的内容和形式，并在活动中看到自己的价值，从而激发他们的自主性、自尊心和自豪感，树立一个真实、完整、积极的自我意象，形成积极向上的生活、学习态度。

（五）有利于培养学生的审美观念

爱美是人的天性，小学生也不例外。但由于年龄尚小，他们在追求美的过程中又存在着明显的弱点：他们追求美，却不善识别美，常把新、奇、特视为美，甚至误以丑为美；只追求外在美，而不善追求内在美，往往认为仪表的漂亮就是美，而不懂得美具有广泛、复杂而深刻的内涵。优良的校园文化有利于培养学生正确的审美观，提高他们的审美能力及创造美的能力。

第三节　班干部的选拔与培养

班干部在班集体建设中发挥着组织管理、服务同学和示范带头作用，是班主任的得力助手。发现和培养积极分子，认真选拔、任用、培养班委成员，形成强有力的班委，是建设优秀班集体的一项重要工作。

[1] 王道俊，王汉澜.教育学［M］.北京：人民教育出版社，2004：156.

一、班干部的选拔

良好的班委会是建设优良班集体的重要基础，也是减轻班主任负担的一个有效手段，因此，班主任在选拔班干部时决不能“随便找个人来负责”，而是要作慎重考虑，应该挑选那些有一定工作能力，热心集体事务，品学兼优，在同学中有一定威信的学生来担任班干部。但人无完人，学生总会存在这样或那样的缺点，我们不要忽略那些在宣传和文体方面有一定特长，但在学习成绩或纪律方面尚存不足的所谓“差生”，可以挖掘出来当班干部，让他们充分发挥特长，通过在工作中的成功体验增强信心，促使其进步。当然，要把这些学生培养成出色的班干部，老师需要付出的心血会更多，但收到的效果也是令人惊喜的。

二、班干部的培养

（一）班委会的组建

班委会的组建，可因各班主任的工作风格和班集体成员的特点来进行，如新集体刚形成，同学们互不了解，班委会成员就可以由老师考查后直接任命，同学们熟识后的班委会组建则可以采用民主选举的方法；若班集体的成员个性较活跃，参与意识较强，还可以采用竞选、组阁或班干部轮换制等方法。在工作实践中，班委会的组建无论采取哪种方法，都有它的好处和弊端，班主任应注意取长补短。

（二）明确班干部岗位职责

首先要给班干部作具体的分工，确立职责，还要对全班同学进行教育，使他们积极与班干部配合，共同把班集体搞好。对班委会成员进行分工时，要对他们各自的能力特长、兴趣爱好和性格特点作充分考虑，让他们担任最适宜发挥才能的职务，以有利于他们日后通过自身的努力开展工作，做出成绩。

（三）提供锻炼的机会

班主任是班集体的组织者、领导者和教育者，但这并不是说班主任对班务工作就一定要事必躬亲。我们必须更新观念，学生能做的事让学生自己做，要充分尊重学生和相信学生，提供机会，创造条件，让学生干部大显身手，放手让他们在班级和校级各种活动中大胆工作，在实践中锻炼。

（四）重视对学生干部的方法指导和思想教育

要培养班干部，班主任应千方百计地调动班干部做好班级工作的积极性，发挥班干部应有的作用，但在给班干部提供锻炼机会的同时，不要忘了对班干部“传、帮、带”。如果我们只顾布置任务，却对班干部的实际能力、遇到的困难置之不理，势必会挫伤班干部的工作积极性，严重时甚至会陷入人心涣散、无法正常开展工作的局面。因此，在班干部的培养上不能操之过急，开始时应“扶着走”，对班干部勤集中、勤指导，不断传授工作方法，加强引导。老师在布置任务时，可以先在班委会上把自己的意图、所要达到的目的、具体实施的办法及可能遇到的问题向学生干部一一讲出，然后请他们提意见、出点子，师生共同研究最佳方案。一段时间后，班干部对工作熟悉了，就让他们创造性地开展工作，不必拘泥于“老师的吩咐”，从而提高他们对工作的兴趣。

第四节　构建科学管理模式　健全班级管理制度

科学、合理的班级管理体制，是形成良好班风的基础，也使班主任的工作有法可依，做到依法治班，避免工作的随意性。这就要求所有管理制度都要体现公正、公平原则，体现人文关怀，以受教育者心悦诚服接受为最终目的。[1]

一般来说，班主任工作除了繁杂的事务性工作外，其主要工作是班集体的建设、学生的思想教育和心理疏导及教育教学活动的开展。一个刚刚组成的班集体，首先应该注重进行的是班级管理制度的建设，同时发挥学生在班级管理过程中的主体作用。

一、制定班级管理制度的基本要求

（一）合法性

班级管理制度可以说是学校管理制度的延伸，因此，班级管理制度不能违背国家的教育法规及学校的管理制度和管理要求。特别在对违反班级纪律的学生的处罚问题上，一定要尊重学生的人格，切不可出现体罚、变相体罚学生的现象。

（二）科学、严谨以及可操作性

班级管理制度可以包括考勤、纪律、卫生、听讲、作业、学习规范、文明礼貌、仪容仪表、体育活动、宿舍管理、日常生活等各方面的内容。制度中不仅要明确学生在日常生活中具体的行为规范，告诉大家哪些应该做、具体怎样做，哪些不应该做、做了的后果是什么，还应该让大家明白制度的具体操作和实施过程，即量化的标准、检查的办法和奖惩措施。这样形成的管理制度，实际上就是班级的量化管理制度。同时，在管理制度的具体实施过程中，还要建立与之相适应的管理体系，即成立以班级的分管委员为负责人的各个量化管理工作小组，从而对全班同学的各个方面，从不同的角度进行量化考核。

[1] 佟景才.创新教育与创新人才培养［M］.北京：中国铁道出版社，2000：296.

（三）全员参与性、公正性和透明性

制定班级管理制度，并不是班主任的需要，而是班级工作和全体同学的需要，同样，制度的实施也绝不是班主任和班干部的事情，而是涉及每一个同学的切身利益。所以，班级管理制度的制定，一定要走群众路线，初稿可以由班主任和班委会、团支部一起研究审定，但最后的确定一定要经过全体同学充分地参加讨论、充分地发表意见和发扬民主。因为只有通过民主讨论制定的制度，才能成为大家的公约，才具有合法性，也更具有科学性和公正性。只有这样的制度，才能使强制和自觉较好地结合起来，增强群众遵守制度的自觉性。

（四）相对稳定性

制度的建立，使同学们有了行为的准则。一味地朝令夕改，就会使大家无所适从，难以保证制度的贯彻执行。所以，制定的班级管理制度在一定时期内需要保持相对稳定性。

二、构建科学有效的管理模式

（一）以人为本，自我管理

要树立以人为本的管理思想，需要注意挖掘和调动学生各方面的积极性、主动性和创造性，充分发挥他们自我管理、自我服务、自我教育的作用。

摒弃那种“管、卡、压”和“一包到底”的“保姆式”管理方法，突破那种使学生敬畏的“家长式”管理模式，就必须建立起以学生为主体的科学、合理的班级管理体系和模式。

班干部就是这个管理体系中的骨干和支撑点。至于班级的管理模式，由于各班的班情不同，再加上各班主任老师的个性、风格不一，必然具有多样性的特点。但不同的方式方法，可以达到

殊途同归的成效。例如，有通过目标管理引导学生逐步实现班级管理目标的；有重视班级环境建设，创设多种德育环境，以班级良好的氛围搞好班级管理的；有从情感教育入手，重在协调同学之间、师生之间的人际环境，营造团结上进、互帮互学的集体气氛，从而推进班级管理的；有把集体教育和管理与自我教育和管理紧密结合起来，发展学生的自我意识，培养学生的自我教育、自我管理能力，从而搞好班级管理的；等等。在具体的实施过程中，许多优秀的班主任老师为了求得班级管理的最佳效果，常常是以一种管理模式为主，交叉使用或同步使用几种管理模式。[1]

（二）科学的班级管理模式要体现的原则

（1）要有一套科学合理的班级管理体系，使班级管理不留空白，力求时时、处处、事事都有人管；干部职责明确，分工协作，能齐心协力地搞好工作。

（2）有快速反馈的机制，能及时合理地处理班级日常事务和偶发、突发事件，并及时作出奖惩。

（3）要有严格合理的监督机制，以确保班级管理的公正性和合理性。

（4）能充分地发扬民主，班级全体同学都能积极地参与班级管理。

第五节 引导学生学会交往

一、学会交往是学生社会化的重要标志

交往，即人们在生活、学习、工作中的相互交流与往来，是与人类社会共始终的实践活动，是联结个体、群体、民族和国

[1] 佟景才．创新教育与创新人才培养［M］．北京：中国铁道出版社，2000：189.

家的纽带和桥梁。当今社会，科技飞速发展，知识成倍激增，竞争日趋激烈，市场逐渐一体化，世界日益开放，各种文化渗透交融，交往在人类社会生活中的地位、作用日益重要。不论对于个体，还是对一个企业、民族或国家，学会交往是学会合作、学会生存的重要基石。引导、帮助学生学会交往，应成为全面实施素质教育不可或缺的重要组成部分。

二、学会交往的基本内容

（一）树立正确的交往观念

目前许多中小学生对交往的意义、择友的标准、待人处事应有的态度等问题的认识还相当模糊。树立正确的交往观念，是学会交往的思想前提，它主要包括以下几个方面：一是以积极的态度对待交往。二是要明确交往的目的主要是增进友谊，交流信息，取长补短，共同进步，而不是纯功利性的互相利用。三是在确定择友标准时，要注重对方是否情操高尚，志同道合，诚实可靠，敢于批评和自我批评，而不能爱慕虚荣，只看重外表、金钱、地位等外在条件。四是在对待交往对象的态度上，要树立平等观念，克服自我中心意识，多为他人着想，待人要热情、真诚、守信、理解、宽容，切忌虚伪、冷漠、苛刻、猜忌、不守信用，但不能为讲“哥们儿义气”而不顾法制、纪律和社会公德。

（二）掌握交往的基本礼仪

世界上没有绝对自由的交往。发生在任何一个民族、国家，甚至部落、群体中的交往活动，都有其长期以来约定俗成的系列规则、惯例、风俗，构成了一定范围内人们广泛认同和遵从的交往基本礼仪规范。为保证交往活动顺利进行并提高效能，就必须学习、掌握这些礼仪规范，否则，不但达不到交往的目的，还会给交往对象带来不愉快，甚至给人留下难以抹去的不良印象。我们时常可以听到人们反映有些孩子不懂礼节，不讲礼貌。许多独生子女学生，因自小在家里就是“重点保护对象”，备受宠爱，久而久之，养成了严重的自我中心观念，不懂得怎样去理解、尊重别人，不会采用正确的方式来表达愿望、沟通情感、寻求支持。

（三）培养交往能力

1. 培养交往认知能力

首先是对交往对象的敏锐观察力。要学会善于观察对方的表情、举止等方面的细微变化，以正确把握对方的意向、目的、情绪变化等，这样可以在交往中占据主动地位，随机应变，使交往按照自己的意愿发展。否则，就难以随着情况的变化，作出及时、恰当的反应，从而陷入被动、难堪的境地。其次是正确认识、评价自我能力。要学会在各种交往情境中把握好自己应该扮演的角色，并保持自我评价与多数人的评价基本一致，这样才能在各种情况下表现得体、应付自如。

2. 培养熟练运用交往媒体的能力

交往媒体是交往信息的载体，是构成交往活动的基本要素，能否用好交往媒体对交往的成效具有决定性的影响。语言是最基本、最常用的交往媒体，如果具有较强的语言表达和理解能力，不但可以流畅自如地交流信息、沟通感情，而且能给人以享受，从而受到更多人的欢迎。

三、小学生交往需要解决的几个问题

（一）提高教师的交往素质

众所周知，教师对学生各方面的健康发展具有举足轻重的影响，对学生交往也不例外。教师要正确、有效地引导学生学会交

往，自身必须具备良好的交往素质。但当前不少小学教师的交往意识、交往能力差，对促进学生学会交往极为不利。

（二）开设相关课程，加强交往训练

长期以来，我国大多数中小学的课程结构比较单一，几乎没有专门关于交往的内容，很不利于交往教育的开展。近年来，北京、南京、湖南等地的部分中小学进行了“礼仪课”或“交流活动课”的实验。这些课程以传授交往常识、培养交往能力、进行模拟训练为主。实践证明，上述课程的开设对学生学会交往起到了很好的促进作用。

（三）改革教育模式，改进师生关系

教学活动是师生之间、学生之间最基本、最常见的交往形式之一，它对提高学生交往素质的重要作用不言而喻。但迄今为止，在大多数学校，以书本为中心，以课堂为中心，以教师为中心，重知识灌输、轻师生互动的教学模式仍未得到根本性的改变，学生在教学中的主体作用未得到应有的重视和发挥，课堂内学生的交往常被视为违纪行为。许多教师对学生的态度比较专制，在教学管理中倾向于将学生的活动置于严格控制之下，师生之间存在不同程度的隔阂，师生关系紧张。学生的多方面交往需要得不到满足，交往的主动性、积极性得不到较好的发挥。要使教学活动真正成为师生互动、学生互动的教育性交往过程，就必须改革上述教学模式，坚持启发式教学，提供小组合作学习，大力弘扬学生的主体性，充分发挥学生的主动性、自主性，促进学生之间、师生之间的沟通；同时要充分发扬教学民主，努力建立相互信任、相互尊重、相互促进的平等、和谐的师生关系。[1]

---

[1] 叶澜．教师角色与教师发展新探［M］．北京：教育科学出版社，2001：156.

第四章
组织班级活动的艺术

班级是学校的基本单位，是学校教育的主要组织形态，承担着育人的功能。班级活动是学校教育活动的组成部分，对促进班集体的形成、发展和完善，促进学生素质提升及个性发展有着极其重要的意义，它既是对学生进行全面发展教育的有效手段，也是对集体实施自我教育的重要方法。学生的学习、生活离不开班级，学生的健康成长离不开班级活动。因此，如何引导班级通过集体活动形成蓬勃向上的动力，如何探究班级活动组织的有效性，成为每个班主任必须面对的重要工作。

第一节　班级活动概述

一、班级活动的含义及特点

（一）班级活动的含义

所谓班级活动，是在班主任指导下，为实现学校的教育目标和班级教育要求而组织的各种各样有目的、有计划的教育教学实践活动，它是实现集体目标的有效形式，是团结、教育学生的有利手段。班级活动是学校教育活动的重要组成部分，是班级集体教育的经常性形式。丰富多彩的班级活动是提升学生素质的重要渠道，也是对学生进行全面发展教育、培养个性和创造性的重要手段。班级管理的各种目标是靠活动实现的，没有活动便没有集体。因此，班级活动是学生发展的源泉和基础，是班主任工作的核心内容。

（二）班级活动的特点

1. 目的性

教育的本质在于育人，班级活动也是为育人服务的。因此，班主任要通过各种活动，提高学生的认识和觉悟，锻炼其意志，培养其情操。组织和指导班级活动一定要有目的、有计划地进行，要寓教育于活动中，寓学习于活动中，最大限度地发挥班级活动的教育作用，不能盲目地为搞活动而活动。不论是班会还是实践活动，都要先调查学生们的实际情况，然后从实际出发，选择适合的主题，有目的性、有针对性地教育。

2. 丰富性

班级活动不受教学计划、课程标准和教科书的限制，内容十分丰富，涉及学生学习和生活的各个方面。形式多种多样，可以组织学习活动，以提高学生学习的积极性；可以组织班级文体活动，提高学生的艺术修养和身体素质；可以组织科技活动，以满足学生的求知欲和多方面的兴趣爱好；可以组织劳动活动，帮助学生培养劳动习惯，树立劳动观念；可以组织社会实践活动，让学生在广泛的社会实践中培养社会责任感和义务感。学生可以根据自己的意愿选择活动，在丰富多彩的活动中，各长其善，各显其能。

3. 自主性

在班级活动的组织与管理中，学生是活动的主人，班主任要大胆放手，切忌包办代替。从班级活动主题的确定，活动计划、内容和形式的设计，活动的准备与实践，都应让学生自己组织策划并设计操作，以最大限度地调动全体成员的积极性，让他们在活动中施展才华，体验成功的快乐。只有这样，班级活动才能真正成为学生自我教育的途径，并提高学生的自主意识和独立工作能力。

4. 开放性

时代在发展，社会在进步。这就要求班级活动引进新鲜的源泉活水，选择有时代感的主题。因此，班级活动从内容到空间要向社会生活开放。一方面，活动内容向社会开放。班主任应有计划地、系统地、适当地组织学生走出校门，深入社会，考察风土人情，在广泛的社会实践中了解他人，提升自己，培养社会责任感和义务感。另一方面，活动形式上可向校内开放，促进不同年级之间、兄弟班级之间或者校外班级之间的联系；也可向家长开放，通过家校联系，改进家庭教育，促使家庭教育与学校教育形成合力。

二、班级活动的类型

班级活动的类型很多，根据班级活动的内容分为以下几类：

（一）思想品德教育活动

旨在让学生通过开展爱国爱校教育活动、集体主义教育活动、遵纪守法教育活动、规范养成教育活动等使学生具备高尚的道德品质和良好的行为习惯，完善学生的人格。

（二）学习活动

旨在培养学生的学习兴趣，开阔学生的知识面，提高学生的学习能力。主要形式有：知识竞赛、学习方法讲座、学习经验交流会、优秀作业展览及课外阅读活动等。

（三）科学技术活动

旨在适应科技形式，培养学生对科技的兴趣和爱好，提升学生的科学素养，开阔学生的眼界。主要形式有：科技兴趣小组、科技班会、科技参观、科技制作发明等各种实践性的科技活动。

（四）文娱体育活动

旨在丰富学生的课余生活，促进学生心理交融，增强纪律，增进友谊，提高学生的艺术修养和身体素质。如校园歌曲大赛、球类比赛、游艺活动、文艺晚会等。

（五）劳动活动

旨在培养学生的劳动习惯，树立劳动观念，端正劳动态度。主要形式有：自我服务性劳动、社会公益劳动等。

（六）社会实践活动

旨在让学生亲自参加社会实践活动，培养学生的观察、思考、分析与实际操作能力，培养社会责任感和义务感。主要形式有：参观访问、社会调查、社会服务、宣传以及游览活动等。

（七）社区服务与社会交往活动

让学生在社会各领域开展力所能及的服务性、公益性活动，并在活动过程中学会交往、合作，懂得理解和尊重，掌握基本的服务社区的知识和技能。

（八）班队会活动

班队会是班主任管理班级、加强班集体建设的重要途径，是对学生实施德育的主阵地。主要形式有：班级例会和主题班队会。

（九）自我保护与健康活动

旨在使学生树立“关注健康，珍爱生命”的生活理念，不断提高其在常态下的自我保护能力和应急事件中的自救、互救意识和基本技能，帮助广大小学生树立健康理念、拥有健康的生活和健康的身体。

三、班级活动的意义

（一）有助于形成良好的班集体

活动是个体生命的体现，班级活动则是班级活力的体现。没有经常性的班级活动，整个班级就缺乏生机与活力。在班级活动中，全班学生充分交往，互相了解，建立友谊，使班集体产生强大的向心力和凝聚力。班级活动还能激发学生的工作责任感和集体主义精神，帮助学生学会正确处理个人与集体、自由与纪律、权利与义务、命令与服从的关系，同时形成正确的舆论。如果没有活动，学生就不会感到集体的存在，更不会主动关心集体；而有了活动，学生则会精神焕发，有利于促进学生间的交往、团结和班集体的巩固与发展。所以说，班级活动是创建班集体的血液，是形成集体主义思想的摇篮。

（二）有助于学生的全面发展

班级活动的目的与学校的教育目标是一致的，都是为了促进学生德、智、体、美、劳等方面的全面发展。因此，班级活动是实现学校教育目标的重要途径。班级活动拥有全面、多样的方式，如富有教育意义的主题班会、社会调查、参观访问、社会服务及社会交往，能增强学生的道德情感，加深其道德认识，促成其良好的道德行为。在活动中，他们通过各种感官去感受事物，通过亲身的实践和体验，获得大量的直接经验，掌握学习方法，也可接触各种人与事，从而获得知识，拓展视野，增强思考能力。班级活动的开展可以使学生在一个动态的群体中互助合作、取长补短、共同发展，从而改变那些自信缺失、性格自我封闭的状态，促进学生健康心态和良好学习习惯的形成。

（三）有助于学生个性及创造性的发展

丰富多彩的班集体活动给每一个学生提供了更多的学习、实践和创造的机会。在长期的活动中，学生的兴趣、爱好、禀赋、特长得到了充分的发挥和提高。通过活动，他们的责任感被唤醒，兴趣、爱好被激活；通过活动，他们大显身手，展示自己的才干，使自己的活动能力和创造能力得到不同的锻炼。班级活动的丰富性，还给学生提供了多种选择的机会，兼顾了他们的兴趣、爱好和特长，发挥了他们的主体精神，从而促进了他们个性的充分发展。总之，班级活动为学生提供了一个展示自己才能的舞台，学生的精神风貌在活动中得到充分展现，学生的个性在活动中得到充分的发展，学生的能力在活动中得到锻炼与提高。

第二节　班级活动的设计理念与原则

一、班级活动的设计理念

（一）活动宗旨要以学生发展为本

以活动促发展是班级活动必须坚持的基本指导思想。以学生发展为本，就要让学生作为主体去活动，这是班级活动开发的基本价值取向。一方面要求教师激发他们发展的内在需求、动机和兴趣，创造适合学生自主发展的机会和空间；另一方面，要将班级活动开发成师生互动、共生理想价值的过程。教师要敢于大胆放手，让学生成为活动的决策者与活动内容的设计者。只有这样，学生才能在活动中体验班级生活的乐趣，满足精神需求，自己的聪明才智得以展现，心灵受到触动。学生只有通过自己组织、实施班级活动，才能在活动中锻炼自己并提高创新意识和创新能力。

（二）活动内容要贴近学生的生活世界

教育要贴近学生的生活，了解当代儿童的生存状态。班级活动更要从对学生的调查入手，通过各种途径了解学生的精神世界和内在需求，将学生成长和发展的现有状态及班级存在的问题进行分析和梳理。通过这样的了解过程，能够从学生真实的生活世界中发现问题，提炼主题。生活即教育，要引导学生不断地回归自然、回归生活，认识生活世界，建立与生活世界的有机联系。

（三）活动方式坚持全体参与、学生亲历

亲历活动过程是学生获取直接生活经验和真切体验的必由之路。通过亲历活动过程能使学生逐渐对活动产生兴趣，能引起学生关心自己以及周围的生活世界，并确立对自己、对自然、对社会的态度，从中获得良好的情感体验。学生的人格也会在亲历活动过程中不断发展，日臻完善与健全。新课程背景下的班队活动倡导的是学生体验，体验与感悟是班队活动设计中的一个重要指标。全国少工委倡导的“寻找一个岗位，扮演一个角色，获得一种感受，明白一个道理，养成一种品质，学会一种本领”的活动就很有意义。[1] 其中，“寻找岗位、扮演角色”是体验的方式，“学会本领、明白道理、养成品质”是体验的结果。这样的班级活动的方式就由作秀型变为体验感悟型。设计学生喜爱的体验型班会活动形式，寓教于乐，寓教于动，寓教于生活，通过学生的亲身感受，达到自悟、自明的教育目的，实现促进学生成长的价值。

二、班级活动的设计原则

（一）教育性原则

教育性既是班级活动的出发点，又是班级活动的归宿。班级活动要达到育人的目的，就必须体现教育性，要寓教育于活动

[1] 丁丹.在铁岭市少工委三届二次全会上的工作报告［EB/OL］.［2005-12］. http://www.tltw.org/ShowArticle.asp?ArticleID=212.

中，让学生通过参加活动达到提高思想道德水平、开发智力、强身健体、增强审美情趣、提高实际操作能力的目的。因此，班队活动的教育作用是多方面的，而不仅仅是思想教育。如：某校开展的以爱国主义教育为主线的“神州颂歌”、“我心献祖国”等主题班会，以礼仪教育为主线的“做礼仪之邦的合格公民”主题班会，以科学启蒙教育为主线的“走进神奇的动物世界”、“大自然的奥秘”班队活动，以环保教育为主线的“我们的地球我们的家”、“让我们的家园更美”等班队活动，[1]较好地发挥了班队活动教育的综合功能。

（二）针对性原则

班级活动的内容要有针对性。一要针对学生的年龄特点、生理特点、知识水平、能力水平。即便是同一个活动，也可根据班级情况不同，因时、因地、因人制宜，以达到预期的效果。二要针对班级自身存在的实际问题。作为班主任，要认真研究班级学生的思想实际，摸清学生的“脉搏”，抓住班级中的主要问题。比如有学生沉迷网络游戏，可开展文明上网的教育活动；有学生生病时，开展献爱心、送温暖活动。三是要针对社会上对学生有影响的现象开展班级活动。社会上的现象比较复杂，有些是积极的，有些是消极的。通过把活动引入班级，引导学生认清社会现象的本质，分辨是非，自觉抵制消极现象，从而促进集体的发展和每个成员的成长。

（三）多样性原则

小学生的年龄特点决定了只有丰富多彩、形式多样的活动才能激发他们参与班级活动的热情。首先是活动内容的多样性。班

[1] 朱晓英，徐亚燕．同样的话题，别样的精彩［J］．班主任之友：小学版，2009（3）：26-27.

级活动内容要兼顾学生德、智、体、美、劳各方面素质的发展。如一个班级在制订活动计划时，主线是“通过活动促进学生全面发展”。具体安排上既有“一日常规我知道”、“集体在我心中”活动，又有“智力竞赛”活动；既有“乒乓球比赛”活动，又有图文并茂的“手抄报汇展”；还有“科技小制作”班会。[1] 其次是活动形式多样化。小学生喜欢求知、求新、求实、求乐，因此，变化新奇的活动形式可以大大提高活动效果。如班级活动内容是“心中有他人”，形式上可以开故事会，讲英雄模范的事迹；可以用文艺演出的形式，把本班同学的好事编成小节目演出来等。第三，活动组织方式的多样性。或集体活动，或小组活动、社团活动，甚至是三五个人自由结合活动。

（四）整体协作性原则

整体协作性是指班级活动的内容、全过程、教育力量要成为一个系统，用整体协作的教育思想指导教育活动，以达成教育目标，促进学生身心全面发展。主要体现在三个方面：一方面是班级活动计划安排的整体性。要搞好班级活动，必须着眼整体，将班级活动纳入班级整体工作计划之中。使其与课堂教学相配合，与其他教育活动相配合。另一方面是班级活动过程的整体性。班级活动应有一个完整的过程，每一次活动应有计划，有准备，有实施办法，有实施过程，有检查总结、评估分析等，构成一个整体。第三方面是多方面教育力量要密切配合，整体协作。由于班级活动内容广泛，需要的条件、手段多样，这就要求多方面力量的大力支持和密切配合。班主任要善于调动一切可能调动的因素，来协作开展班级活动。

---

[1] 徐娟. 浅谈组织小学班级活动的原则［EB/OL］.［2010-11-12］. http://www.ahwhedu.com/include/content.php?id=439.

第三节　班级活动的组织环节与方法

一、班级活动组织的基本环节

（一）活动计划

班级活动是有目的、有计划的教育活动，做好活动计划是实现教育目标、提高活动效果的重要保证。它是教育活动过程的起始环节，是在活动之初预先拟定的活动内容与步骤。它具体体现着班级活动的长远性和整体性思路。班级活动计划要精心设计、周密安排。班级活动计划包含班级的学年活动、学期活动计划，以及每次活动的实施细则。制订计划首先要明确阶段教育目标，选择类型和活动主题；其次，要构思大体的活动步骤、框架；最后，拟订计划。计划的具体内容有：活动名称、活动目标、活动时间、地点和对象、活动的内容与形式、活动实施过程与注意事项、活动器材、各项具体活动的负责人、活动总结与反思、活动管理等项目。

（二）活动实施

经过周密计划和充分准备，开始进入班级活动的实施阶段，它是教育活动过程的中心环节，是达到活动目的、完成活动要求的基本手段，是活动全过程的关键。在此过程中，班主任要按班级活动的计划去展开，并可以依据活动开展的具体情况允许在实施过程中对原计划作出调整和修改，力争使每一个学生在活动中得到发展。同时，班主任要及时发现活动实施过程中遇到的问题和出现的偶发事件，并要发挥教育机智，头脑冷静，妥善处理，因势利导教育学生，使活动顺利进行，实现预期目标。在这一阶段，教师要引导学生全员参与，避免小部分学生是主体，大部分学生是看客的现象。

（三）活动检查

它是教育活动进行过程的中继环节。计划实施一段时间之后，就要将实施情况与计划相比较，看实施情况是否符合计划的预设要求，了解实际效果。检查时，要以计划、目标为标准；检查不能只看工作的结果，还要考查实施的过程；检查要与指导相结合。在检查时，对学生在班级活动中遇到的一些困难或问题进行指导分析，提出改进措施，提高活动质量；检查要发动全体学生自觉地参与检查，对自己和他人的行为作出正确适当的评价。

（四）活动总结

活动结束后，师生双方要根据活动的质量水平和学生的亲身感受，对本次活动作出认真总结与评价，以肯定成绩，总结经验，找出问题，改进工作，进而明确下一个活动应努力的方向。它包括对班级活动方案、班级活动过程、班级活动效果等各方面的总结与反思。总结时，切忌泛泛而谈，也不能只说“好话”不说“坏话”，这样会导致学生盲目自傲。评价应尽可能具体和中肯，让学生在活动后既得到了付出努力后的赞扬，又清楚了自己的弱点。

二、组织班级活动的基本方法

（一）班级活动的选题

活动选题的来源有四个方面：第一，依据班级风气和学生思想实际选题。以学生关心的热点、焦点以及班级自己的特征及需要，开展班级内部或年级内部的一些集体活动。如有的班级为了让学生体验自己的进步和成长，确定了“我 7 岁了”的活动主题；还有的班级根据学生的需要开展了朗诵比赛、棋类活动和篮球比赛等。第二，依据教学任务选题，与教学有机结合开展活动。班级活动以学科课程的延伸为载体，使学生增加了学习知识的机会，不仅在活动中进一步巩固知识，还丰富了学识，发展了智力。如学了《海底世界》一课后，组织学生开展“红领巾海洋知识探险队”活动，这样既使课内学到的知识在活动中得到巩固，同时拓宽了视野，活跃了思维，丰富了想象。第三，依据学校教育计划和任务安排活动。比如根据学校的教育任务，由学校直接开展运动会、“六一”节等大型活动。第四，依据社会实际生活选题。人一出生，就生活在一定的社会环境中并接受社会环境的感染和影响。因此，要从社会实际生活与环境变化中寻求开展活动的主题。如，让学生参观高新技术开发区，开展“风景这边独好”的班级活动。班主任可根据班级目标直接选题组织班级活动，也可以把自己的设想讲给班委会成员听，引导班委会进行酝酿和思考。然后，由班委会采取个别交谈或开小型座谈会方式，向广大同学征求意见。对大家的反馈信息要认真收集并进行整理，作为组织活动的重要参考。有些活动，还可征求校领导、任课教师以及家长的意见。

（二）班级活动形式的选择

班级活动形式的选择须考虑四方面的因素：第一，活动形式要与活动内容相适应。活动内容与形式是相互依存、辩证统一的，但活动内容决定活动形式。无论组织何种活动，都得根据活动内容选择那些能够达成活动目标，完成活动任务的活动形式。如，读书活动可采用故事会、演讲、辩论、知识竞赛等形式；书画、科技类活动可采用成果汇报、展览会的形式；进行综合实践活动采用个体或小组的形式较好。第二，要考虑活动形式对学生的吸引力和为其提供的参与面。活动形式要满足学生求新、求异的心理需求，激发其参与活动的兴趣。如嘉兴市秀洲区王店镇中心小学以诵读唐诗、童话、寓言等为内容，开展各种形式的读书活动，努力营造书香校园。以“每周一诗”等形式为抓手，培养学生的学诗兴趣；以各类活动为载体，丰富学生的精神世界；以课堂教学为阵地，提升学生的文化素养；通过“画、演、唱、拓、写”等多种形式的活动，激发学生学习古诗的兴趣，培养学生的创新能力。[1]第三，活动形式要与当地资源、条件相统一。选择活动形式要因地制宜，从实际出发，不能机械套用他人的活动形式。相同的内容，因当地条件不同，采取的活动形式也不同。第四，活动形式要考虑班级和班主任的自身优势与特长。一般来说，每个班都有各自的风气和优势，每一位班主任也有自己的专业和个人特长，这些优势和特长是开展活动的有利条件。因此，班主任要选择可以发挥自己优势的形式来组织活动。

（三）班级活动情境的创设

班级活动情境的创设，可分为两种情况：一是现场活动情境。利用自然环境和社会环境，让学生从现实世界中选择情境作为活动的内容。如游览名山大川，参观历史博物馆，祭扫革命烈士墓等；二是创造环境。包括创造实际操作的活动情境，如实验、制作、手工、种植等；言语交流的活动情境，如演讲、辩论、讨论、交流、讲座等；再造表现活动情境，如绘画、写作、摄影等；表演活动情境，如舞蹈表演、晚会现场布置、演唱、各种体育表演及比赛等；测查活动情境，如测量、调查等。[2]无论哪种情境，都需根据主题的要求精心构思、精心设计，使之与教育内容相呼应，与教育形式相陪衬。

---

[1] 嘉兴市秀洲区王店镇中心小学．开展读书活动，营造书香校园［EB/OL］．［2007-05-17］．http://www.jxedu.net.cn/news/html/?5026518.html.

[2] 陶海林．班主任班级活动实践艺术［M］．长春：东北师范大学出版社，2010：33.

第四节　组织主题班会的艺术

一、班级主题班会概述

班会是班级活动的重要形式，是班级教育的主要途径和班级管理的有效手段，班会一般分为临时性班会、例行班会和主题班会。其中主题班会是班级教育活动的中心形式，也是对学生进行自我教育的重要手段。主题班会是在班主任的指导下，根据教育目标和班级的实际情况，围绕某一专题或针对一个主题有目的、有计划地开展的内容丰富、形式多样的集体活动。

主题班会的功能和一般的例行班会不同，其内容涵盖了公民教育、规范教育、生命自护教育、安全自护教育、心理健康教育、诚信教育、感恩教育、人生观教育、世界观教育、价值观教育等各个方面的教育主题。组织得当、内容充实、生动活泼并具有时代意义的主题班会，能给学生留下美好的记忆，产生深刻久远的教育影响，有利于促进学生素质的全面发展。

二、主题班会的组织与实施

（一）选好主题

主题是班会的灵魂，选好主题是组织好班会的前提和基础。主题选得好，才会富有吸引力和感染力，达到预期的教育效果。主题的选择与确定应注意下列几点。

1. 主题要小而明

主题要具体明确，不要大而空，要使学生感到亲切、感到有话可说，激发学生参与活动的热情。如果选取的主题较大，试图面面俱到，则往往是蜻蜓点水，主题的深化就无从落实。因此，主题的提炼要尽量从小处着眼，从一个侧面或一个点切入，切忌

“假、大、空”。如同样是以“环保教育”为主题，“让天更蓝，地更绿，水更清”、“把绿色还给大地”、“爱护绿化，保护家园”等题目就显得比较笼统；“珍惜点滴，从我做起”、“小小塑料袋，环保大问题”的切入口就小而实，由一个小问题生发出对环保的思考，教育效果会更好。

2. 主题要有针对性

主题的选择从本班学生实际情况和需要出发，做到有的放矢。班主任要善于根据学生的实际学习生活、思想动态等成长中的具体问题来捕捉具有普遍意义的教育主题。如，过年后，发现班里乱花钱的现象增多，就组织学生调查讨论，开展“合理使用零花钱”的主题班会。此外，班会主题的选取还要切合学生的年龄层次。学生的年龄不同，接受教育的心理准备不同，所选择的主题也不同。低年级的小朋友，着重培养他们良好的学习、生活习惯，可以组织“自己的事情自己做”、“快乐十分钟”等主题活动。到了中年级，有些学生对学习产生了畏难情绪，可以开展“我是学习小天使”、“大家来读书”等主题活动。

3. 主题要有鲜明的时代性

随着现代社会信息的畅通与便利，社会上出现的各种新思想、新事物在不同程度上影响着少年儿童的人生观、世界观。因此，班队活动要适应时代的发展，紧密结合形势，提炼新的内容和主题。如同样是爱国主义教育，神舟六号的升空就是一个对学生进行爱国主义教育的好时机；同样是生命价值的教育，印度洋海啸是引发学生对其进行深入思考的一个契机；而松花江水体污染事件就是对学生进行环境教育的一个新话题。在每年的世界环境日组织开展诸如“拯救我们的地球”、“我们的地球我们的家”等活动就具有鲜明的时代性。像“我和电脑交朋友”、“到宇宙去旅行”这样的主题，能较好地激发学生参与的积极性，也更符合当代小学生的思想实际。

（二）做好准备

主题确定之后，准备便成为开好班会不可缺少的重要环节。在准备的过程中，班主任要特别重视调动学生参与活动的积极性和主动性，发挥他们的主体作用，使班会从准备到实施都成为学生主动参与、自我创造、自我教育、不断提高独立工作能力的过程。[1]

1. 设计主题班会活动方案

班主任应开好班委会，启发、引导班干部们分析思考，和他们一起讨论，设计班会的具体内容、活动方式和步骤以及人员分配、会场选择、环境布置、活动器材备置等各项事宜的安排，形成初步的活动方案，同时广泛征求全体学生的意见，增强他们的认同感和参与意识。经过对活动方案的修改，制订出周密的工作计划。

2. 组织动员全体学生参与

主题班会要开得成功，必须调动全体学生的参与意识和参与积极性。班主任可通过讲述、讲解、谈话等多种形式，向同学们说明班会的意义，讲清班会的内容、形式和要求，以调动学生参与的兴趣和热情，让学生真正成为班会课的支持者、组织者、参与者、受惠者。然后，按计划发动干部和全体学生各负责任，分头准备。

3. 素材内容的搜集与整理

好班会重在内容，确定主题只是确定了教育中心，要真正实

[1] 苏学恕．创造性地开展班级活动［M］．北京：知识出版社，2000：224-227.

现对学生的作用和影响，还必须根据主题选择班会的具体内容。通过精选内容，把班会主题深刻地揭示出来。所选内容宜紧扣主题，不要贪多求全，要少而精。[1]内容准备时，一要注意平时积累与收集与班会主题相关的故事、视频、歌曲、图片等素材，二要充分发挥信息时代的特点，利用网络等各种途径搜集班会的内容。

4. 布置会场准备

开班会前，班主任要指导学生根据主题精心布置会场，起到烘托班会气氛、提高班会效果的作用。会场布置最重要的是美观大方、突出主题。（1）黑板布置。可在教室前面的黑板上写上主题，在黑板两侧予以美化和装饰。（2）学生座位的布置。可呈秧田式排列，也可围成一个圆圈，还可分成几个小组，以使气氛更为活跃，也便于交流合作。（3）物质准备。如话筒、电脑、抢答器等。

5. 主持人的准备

一次成功的班会是离不开一个好的主持人的，所以确定主题班会的主持人很关键。要选择的主持人应：第一，仪表端庄，举止大方；第二，口头表达能力强，能用语言调动起其他学生参与活动的积极性；第三，有一定的组织协调能力；第四，有一定的控制班会场面和处事不惊的应变能力。主持人选好后，还要注意串接词的书写，不能是分散的单个环节的拼凑，而是要通过串接词让班会流程自然，各环节衔接到位。主持人的串词和发言同学的准备稿要有感染力和启发性，以引导更多学生加入到活动过程中来。

---

[1] 班华. 主题班会活动的组织［EB/OL］.［2010-08-27］. http://www.pep.com.cn/xgjy/jyyj/jyts/jyx/zdjy/201008/t20100827_803554.htm.

（三）开好班会

经过充分的准备，班会如期召开，在班会进行的过程中，班主任要注意观察，根据情况及时给予必要的指导。要鼓励、引导主持人和发言表演的学生，使他们抓住有利时机，把会议气氛推向高潮，以收到理想的活动效果。[1] 同时，班主任还要急中生智，处理好班会开展过程中的偶发事件，如表演失误、发言离题、电教仪器出故障等，以确保班会顺利进行。

（四）总结巩固

要使主题班会真正起到教育教学的效果，会后的总结非常关键。主题班会结束后，班主任要对班会作出恰当的总结与评价，肯定成绩，指出不足和今后的努力方向。还可通过让学生谈感想体会、写作文、办黑板报等形式，指导学生从思想上总结自己的收获，并在此基础上，引导学生将思想的变化落实到日后的行动中去。另外，班主任要在班会结束后随时进行各种跟踪反馈与思考，及时掌握来自学生中的反馈信息，抓住其各方面的变化，继续加以引导，促其升华。班主任必须明白，一次主题教育活动过程并不意味着教育目标的实现，只有做大量的、耐心细致的工作，通过多次教育过程的循环往复才能实现，才可能达到预期的教育效果。

[1] 苏学恕．创造性地开展班级活动［M］．北京：知识出版社，2000：224-227.

第五章
班主任与学生沟通的艺术

俗话道，“通则不痛，痛则不通”。班主任教师不但要会教书，还要善于跟学生沟通。《青年报》调查表明：60% 的教师说爱自己的学生而只有 5.6% 的学生说感受到老师爱自己。为什么出现如此大的反差？研究表明，教育工作中 70% 的错误是由于教师不善于沟通造成的。班主任只有通过有效沟通，才能彻底拆除妨碍师生情感交流的障碍，促进教育目标的实现。

第一节　班主任与学生沟通概述

班级教育活动是师生双方借助人际交往而实现心灵沟通。没有人际交往，教育关系就不能成立；没有触动灵魂的沟通，就无法引起人的共鸣；不足以震撼人的情感，就不是成功的教育。沟通是双向的信息交流，而非单向的传输。随着社会的发展和时代的进步，师生沟通的内涵、作用和要素被时代赋予了新的内容。

一、师生沟通的特点

沟通是指人们为了一个设定的目标，把信息、思想和情感在个人或群体间传递，并达成共同协议的过程，即人们之间的信息交流过程[1]。这种交流主要通过言语、手势、表情、体态及社会距离等来实现。小学生特别在意教师的评价，尤其是班主任。班主任的一言一行、一举一动，都在对学生传递一种信息，使学生下意识地判断："老师喜欢我吗？""老师怎么看待我？""我是不是该喜欢班主任？"师生沟通是师生之间全方位信息的交流，是在不知不觉中进行的。可以说，教师在学生个体或群体面前所做的每件事情都是在与学生沟通。

（一）师生沟通是双向的信息交流

师生沟通是人际沟通，人际沟通作为一种积极的信息交流，它不同于机器设备之间简单的"信息传输"。在师生沟通中，教师与学生都是积极的主体，每一主体都要求对方具有积极性，而不能把对方看成是某种客体。因此，在沟通过程中，当某一主体向沟通参加者发送信息时，必须分析对方的动机、目的，判断他的情况；必须估计对方对自己发出信息的可能回答，这是人际沟通畅顺、有效的前提。在成人沟通中，许多人会注意到这种特点。但在教育活动中，由于师生工作地位的不平等，或者受传统教育观念影响，教师往往忽视学生的主体性和积极性，忽视对学生心理特点的分析和判断，从而影响师生沟通的畅顺度和有效性。

（二）师生沟通借助于符号系统而相互影响

在信息交流中，师生之间是借助于符号系统而相互影响

[1] http://baike.baidu.com/view/54445.htm.

的，这里所产生的沟通的影响是以改变对方的行为为目的的一个沟通者对另一个沟通者的作用，沟通效果以这种作用达到的程度为标准。因此，在教育活动中，师生沟通的效果不取决于教师说出了什么、说了多少，而取决于学生听进了什么、接受了多少。

（三）统一的编码—译码体系是师生沟通的前提

只有在发信者和接受者掌握统一的编码—译码体系的前提下，信息交流所产生的沟通影响才能实现。因为发信者和接受者在沟通过程中经常变换位置，他们之间的任何信息交流只有在符号统一的条件下才能实现。这不仅指“大家都应当用同一种语言说话”，而且指应当对交往情境有相同的理解。其实，即使大家都知道这些或那些词的意义，但对同一个表述，人们还可能有不同的理解，从而产生沟通的障碍。

（四）师生沟通可能会产生特殊的障碍

师生之间的沟通障碍可能同沟通渠道的弱点无关，同编码和译码的差错也无关。阻碍沟通的因素往往是社会性的，如师生之间的社会差别、政治差别、职业差别、年龄差别，或者是心理性的。因此，教师应当注意了解可能产生师生沟通障碍的因素，在沟通过程中灵活把握，尽量避免产生沟通障碍。

在班主任与学生的沟通中，沟通信息的构成远比我们的词汇要复杂。教师说话的语气、语调、表情，与学生眼睛接触的频率，甚至教师头部的倾斜方向等，都在帮助学生接受、理解教师所使用语言的含义。可以说，教师的发信方式，影响学生对教师的评价方式，决定了与学生的沟通效果。

二、师生沟通的基本理念

同理心是建立良好人际关系的重要前提，也是班主任与学生之间建立良好沟通的首要条件。同理心不等于了解，也不等于认同对方的行为和看法，更不等于同情心。如果沟通双方能够站在对方的角度，去感受对方的想法、情感、思想和态度，并有效地将这些感受反馈给对方，对方会感到理解和尊重，从而产生被理解感与受尊重感。这种感受可以引发双方充满体谅、关心和爱护的氛围。

沟通的一方能够从对方的言论中推断出他的想法、情感、思想和态度，是一种能力。在班主任与学生的沟通中，班主任越是能够清晰感受学生内心的想法和态度，就越能了解学生，也就越有能力与学生建立良好的师生关系。要达到较有深度的同理，要求班主任放下自己的参照标准，把自己置身于学生的立场和处境，尝试去体验学生的喜怒哀乐，去感受学生正在或曾经面临的压力，并体会学生之所以会说出“这样的话”、做出“这样的事”的理由。也就是说，要求班主任以学生的眼光去看“他的世界”，以学生的心情去体会“他的心情”，以学生的思想来推理“他的一切”。[1] 同理，学生也需要体会、理解、尊重班主任。

三、师生沟通的基本原则

（一）理解以达到师生情感认同

要真正理解学生，其关键是教师需要暂时放弃自己的价值体系和观点，尤其是要抛弃自己对学生的固有偏见和主观判断，站在学生的立场上，用学生的眼睛来观察，用学生的心灵来感受，

---

[1] 孙晓萱．试论同理心原则在师生沟通中的运用［J］．中国科教创新导刊，2011（12）：225.

用学生的观点来思考，从而走入并体验学生的内心世界，达到与学生心灵的沟通与共感。为此，班主任应做到：(1) 更新自己的教师观、学生观、发展观，从学生发展与成长的角度认识理解学生的意义与必要性。(2) 全面评估自己的价值信念系统和经验体系，既认识到它们的珍贵，又认识到它们的局限与不足，以一颗全无偏见的真诚之心来接纳学生、了解学生、理解学生。(3) 多接触和了解学生的兴趣和特长，把握学生关注的热点，不断丰富自己的知识体系，增进对学生精神世界的理解。如果教师跟不上时代的步伐，就不能走进学生的兴趣领域，也就无法接纳学生的感受和理解学生的体验。

(二) 尊重以达成师生平等交流

班主任与学生沟通要求教师平等对待学生，尊重学生的价值和尊严，珍视每一个学生的价值潜能，相信每一个学生都有改变和成长的动力与能力。因此，教师应做到：(1) 培养乐观向上的人性观，相信每个学生都有向上的动力和积极的愿望。只有这样，教师在面对学生时，才会以开放的心态与他们平等对话。(2) 有意识地改变思维方式，尝试整体思维、逆向思维。在看到学生的问题时，还要看到学生是一个整体的人，有问题也有成绩，有缺点也有优点，要从积极的角度看待学生的问题。(3) 认识学生的独特性和差异性。教师要承认每一个学生都有自己的特点，不可替代。(4) 善于鼓励、帮助学生，少批评、否定学生。批评和否定即使持之有据，也会使学生感到羞怯和被拒绝，降低学生的自信，使他们找不到前进的路径与方法。

(三) 真诚以实现师生心灵互动

对于师生沟通，教师往往将着眼点放在打开学生的心灵之窗、了解学生的内心世界上，而自己的内心则不与学生分享，造成沟通的不平等。因此，教师要放下架子，主动打开自己的心灵之门，适时适度地、自然真实地与学生分享，让学生看到角色面具之外的、具有人格魅力的教师，从而达到双方真正的心灵互动和平等沟通。在这方面的要求有：(1) 认识双方心灵互动的必要性和意义，暂时放弃教师的权威地位和角色面具，建立真正的个人化的、人性化的师生沟通。(2) 加强对自我的探索和了解，增进对自己内心世界的敏感性，并不断实践和尝试表达自己的内心世界。(3) 培养自己开放而非防卫的心态，坦然面对并承认自己的局限与不足，拉近与学生心灵的距离。(4) 保持言行如一、心口如一，树立自己真诚可信的形象，同时尊重和理解学生。[1]

(四) 接纳以实现师生心灵相容

要想使自己的话能够深入学生的心灵，班主任应该首先学会接纳学生。班主任在谈心中接纳学生、关心学生，是爱心的自然表露。接纳应该是表里如一的，建立在人本主义学生观的基础上，从心底尊重学生和相信学生。接纳并不代表认可学生所讲的一切，而只是代表教师把学生看做一个平等的人，承认其想法和情绪体验的合理性，尽管有时那种想法和自己的观点很不相同。接纳也不代表班主任不能有自己的观点，而是指虽然教师的观点和学生的意见有所不同，也仍然愿意认真听取学生的看法，所以我们也可以把接纳看成是一种主动与积极的态度。

---

[1] 李正云．谈理解性师生沟通的意义及要素［J］．思想·理论·教育，2002 (11)：48.

第二节　班主任与学生沟通的策略

班主任是学生成长道路上的指导者和引路人，要做到与学生很好地交流和沟通，必须选择合适的途径，讲究有效的方式，与学生在交流中沟通，在沟通中相互理解，在理解的基础上产生感情，在融洽感情的基础上引起共鸣，达成共识。

一、与学生个体的沟通策略

个体沟通主要针对个体进行，每个班级不可避免地都会有比较特殊的学生，日常生活中也极其容易发生一些棘手的事件，因此，个体沟通是十分必要的一种沟通方式。在信息技术日益发达的今天，个体沟通策略是多种多样的，如面对面沟通、个人周记沟通、电话与网络沟通、书信沟通等。[1]

（一）面对面的沟通

面对面的沟通，简而言之就是师生在一个简单的环境下进行比较隐私的沟通。采用这种沟通方式的形式是：由班主任或是由学生选择一个令学生能感到安全的地点，在较少人的情况之下，为寻求解决某个问题的方法，把自己心里那本不想让人碰触的东西倾诉出来。人们常说的“眼睛是心灵的窗户”、“眼睛会说话”是很有道理的。当教师与学生进行“面对面沟通”时，教师一定要注意自己的面部表情，无论是一个肯定的眼神，还是一个会心的微笑，对于学生都有一种支持他继续讲下去的力量。

（二）个人周记沟通

个人周记属于悄悄话系列。每个星期，学生都可把自己本周

[1] 石治梅．师生沟通的策略与艺术［J］．青海教育，2012（3）：53.

遇到的事情以书面的形式表达出来，随心所欲地在周记本上表达自己的心情。通过周记来了解学生一周以来学习、生活、思想等方面的情况，就需要教师具备职业的敏感性，能够通过学生周记中的文字及时捕捉隐含的信息，然后进行必要的沟通。如提几项具体要求，写几句鼓励的话语，谈一谈自己的感受等，都可能会引起学生的共鸣，对学生来说是极大的促进和帮助。

（三）电话及网络沟通

随着信息产业的发展和电话的普及，电话成为生活中的日常用品，电话沟通也变得简单而正常。师生之间的一个电话、一声问候，拉进了师生的距离，教师也更容易赢得学生的爱戴与尊重，学生更愿意把心里话在电话中向老师倾诉，避免了面对面的尴尬，从而收到良好的沟通效果。当今互联网日益发展，网络成为我们生活中的重要组成部分，这种趋势已无法阻挡，班主任可以利用网络资源优势与学生进行沟通。学生喜欢上网聊天，那就建一个聊天室、QQ 群、讨论组，让愿意聊天的学生进来，教师陪学生聊；学生喜欢玩游戏，那就规定一个时间，在这段时间里，师生一起玩游戏，在游戏中寻找沟通的切入点。电话与网络沟通要求班主任当针对不同对象、从不同角度来采取不同的沟通方式。电话与网络沟通有助于节省时间，而且一些不方便当面讲的东西，通过电话与网络沟通相对会更好些。

（四）书信沟通

书信交流是一种传统的人际沟通方式。在某些情况下，尤其是对某些事情班主任与学生不便于直接地面对面交流，那么通过书信沟通就是一种不错的方法。其实班主任写在家长通知书、学生成绩单上的评语也属于书信交流，家长还可以用回执的方式反馈学生在家的表现等。

总之，师生之间可以利用不同的方法和途径进行沟通，有了良好的沟通，必将会很好地解决许多教学问题，课堂将更具有亲和力，学校也将成为学生的乐园。

二、与学生群体的沟通策略

在班级人数庞大的情况下，个体沟通变得寸步难行。班主任必须根据实际情况，采取不同的策略与学生群体进行沟通。群体沟通可分为话语沟通和书面沟通，其对象是全班同学。

（一）主题班会

主题班会包括：前期准备过程、班会沟通过程、班会后期工作。班主任在前期准备中一定要把主动权交给学生，由学生围绕主题自由发挥，班主任只给予适当的指导。在班会沟通过程中，班主任要注意起一个“引导者”的作用，及时给学生适当的引导与指示。学生则要积极发挥自己的个性，带着创意以及积极的态度来获得知识。班会后期工作在于总结以及反馈，先让学生畅所欲言，表达自己的感受，再由班主任作一个系统的总结，来引导学生升华内心的想法。

（二）班级日志

班主任通过观察，把班里发生的一些事情记录在班级日志里。班主任可以通过班级日志向学生表达想与学生做好朋友的愿望，希望了解彼此，关注彼此，走进彼此的内心世界。同学们阅读完班级日志后，也会留言，也会写自己见到的故事。

（三）班级活动

班级活动是促进班级团结、学生进步的重要活动之一。班主任应积极鼓励学生参与班级活动，从而提高自己，帮助自己多方位发展。班主任要做好引导、指导工作，把握好班级整体发展方向。班主任要认真组织好每次活动，真正做到“活动育人”，学生们也会在活动中逐渐懂得合作，懂得关爱，陶冶情操，获得锻炼。活动的教育意义是深远的，带给学生们的影响是不可估量的。所以，班主任要精心准备，认真开展好每一次活动，做活动的“有心人”，努力让每次活动都成为学生收获快乐的源泉，成为陶冶学生情操、性情和锻炼能力的契机。

第三节 班主任的语言沟通艺术

班主任在工作中，会采用不同的沟通模式，使用最多的是语言。除了口头语言，实际工作和生活中，我们还会采用书面语言和肢体语言（如眼神、面部表情和手势）去沟通。归纳起来，沟通方式有三种：口头语言沟通、书面语言沟通和肢体语言沟通。通过这三种不同模式沟通，可以把信息、思想和情感传递给对方，并达成协议。

一、口头语言沟通

口头语言沟通是指以人体的发音系统和听觉系统为媒介，利用声音的冲击力和刺激性，发挥班主任对学生的影响，引起学生对班主任的反应，达到沟通、交流的目的。[1] 口头语言是班主任最常用的沟通工具。它通过抑扬顿挫的语音艺术，利用口头语言的通俗性，借助声音的刺激性和冲击力，对学生形成强烈的语音感染。班主任要提高口头语言的表达效果和质量，一是要拥有良

[1] 师生沟通［EB/OL］.［2010-04-02］. http://www.hqjnl.com/ns_detail.asp?id=500147&nowmenuid=500019&previd=500084.

好的嗓音条件，二是要掌握科学的发音方法，三是要运用动人的语音艺术，综合生成一种具有煽情作用的教育情景。根据师生沟通中最常见的情形，班主任常用的口语技巧有：

（一）委婉

心理学的研究表明，人们的认识和情感有时并不完全一致。在师生沟通中，班主任的话即使完全正确，学生也会碍于情感而难以接受，这时，直言不讳的效果就不太好。如果班主任把话语说得软化一些，使学生听起来感到自己是被尊重的，学生就能从理智上、从情感上接受你的意见，这就是委婉的妙用。

（二）含蓄

在师生沟通中，有时因某种原因不便把某一信息表达得太清晰直露，而是靠对方揣摩体会话中所蕴涵着的真正意思，这种“只可意会，不可言传”的方式就可称为含蓄。含蓄是班主任高雅、有修养的表现，也经常表示出一种对学生的尊重。当然，使用含蓄的语言首先要考虑学生的理解力。

（三）幽默

幽默是人际关系中必不可少的润滑剂。具有幽默感的班主任，会让学生感到快乐，沟通也就顺畅了。幽默经常被班主任用来批评学生的一些不良行为，这种批评点而不破，既解决了问题，又不会损伤学生的自尊。[1]

（四）反语

俗话说：“将欲取之，必先予之。”在师生沟通中，班主任为了更好地达到目的，有时口头表达的意思和自己的真实意图恰恰相反，却反而能成功。

---

[1] 廖爱秀. 论对话理念下师生沟通的策略［J］. 当代教育论坛（管理研究），2011（02）：30.

言为心声，美好的语言体现了班主任美好的心灵。苏霍姆林斯基认为，班主任的语言修养在极大的程度上，决定着学生在课堂上的脑力劳动的效率。所以，讲究语言技巧，在师生沟通中会起到事半功倍的效果。

二、书面语言沟通

书面语言沟通，是指以书写工具为媒介，利用书面语言的间接性、长久性和深刻性，对学生产生影响，达到沟通、交流的目的。书面语言是师生沟通的一种重要工具，它具有其他沟通方式不可替代的作用和功能。比如，书面语的间接性，可以避免面对面的诸多不便和尴尬；字斟句酌的深刻性，可以使书面文字具有更强的穿透性和感染力；书面语言可以借助材质而长期保存，从而超越时空局限，对学生产生持续、深远的影响。如前所述，个人周记、书信、班级日志等都属于书面沟通。

三、肢体语言沟通

肢体语言沟通，是指以人体的动作系统和视觉系统为媒介，利用视觉形象的直观性和生动性，引起学生的反应，达到沟通和交流的目的。肢体语言也是师生沟通的一种重要手段，它借助视觉形象的冲击力，将表情、神态、动作综合生成具体、可感的视觉形象，对学生形成强烈的感染力。肢体语言能在无形中传递其丰富的内蕴，而更富调动性地使学生对班主任的要求心领神会，它是班主任教育魅力的独特表达。班主任在运用肢体语言时，一是要注意其表演性与真实性，二是要注意其夸张性与端庄性，创造出一种直观、生动而又可信的视觉效果。

（一）辅助语言

辅助语言，也叫副语言，指说话的音调、音量与节奏等，它既可加强语义的分量，又可增强感染力。一般来说，深情、悦耳的语调比较容易吸引学生的注意力，保持学生的兴趣；抑扬顿挫的语调比较容易调节学生的注意力，进而促进学生听的效率。

（二）面部表情

眼睛是心灵的窗户，班主任要善于以目传神、以目达意，充分发挥无声语言在学生教育中的特殊作用，此处无声胜有声。微笑来自快乐，它带来快乐也创造快乐，在师生沟通过程中，微微笑一笑，虽然无声，但是它说出了如下许多意思：高兴、欢悦、同意、尊敬。

（三）体态语言

体态语言，指手势、体态等，它们可以给学生以感染和教育，可以使学生注意力集中，增强教育教学效果，加深学生对教育教学内容的印象和理解。班主任一个得体的动作，有时能如和煦的春风，吹进学生的心底，从而缩短师生之间的距离，促进师生的感情交流，提高教育教学的效果。在班主任工作中，有时候衣着也在传播信息与对方沟通。虽然衣着并不会说话，但它是班主任“自我形象”的延展，因为人们通常在特定的情境中以特定的衣着来表达特定的思想和感情。

第四节　班主任沟通中的倾听艺术

倾听是一门艺术，在日常生活中，善听者比善讲者更容易赢得良好的人际关系。注意倾听的人，给人的印象是谦虚好学、专心稳重的。认真倾听，能减少不成熟的评论，避免误解。在与学生交往的过程中，班主任学会倾听，会更好地融洽师生关系，起到意想不到的教育效果。倾听学生的表达等于尊重他、欣赏他，给他信心和勇气，同时也让学生学会尊重与欣赏他人。倾听还能增加对学生的了解，减少师生间的误会和冲突，增加实现师生各自愿望的机会。苏霍姆林斯基曾说："一般来说，善于倾听孩子们的说话就是一门了不起的教育艺术。"[1]沟通离不开"说"，但"听"是"说"的前提和基础，也是对学生人格的尊重。教师只有善于"倾听"，才能有的放矢地"说"。

一、倾听的内容

"倾听"是为了真正走进学生心灵，更好地完成教育任务。对"倾听"内容的处理得当与否会直接影响到"倾听"的效果。班主任要善于倾听：听一听学生的欲望和需求；听一听学生的思想与心声；听一听学生间的差异和区别；听一听学生与他人之间的关系；等等。

对倾听到的内容要分析归类。一是需要及时处理的，如同学纠纷、学生违纪等。具体的处理方法可分个别谈心和主题班会等方式。如对个别学生抄袭作业的情况，就可以通过个别谈心来解决；如针对学生中乱叫绰号的现象，可以围绕"绰号"展开辩论，让学生根据自己的认识分成正反双方，通过争辩最终达到教育的目的。二是需要冷处理的。如处理师生矛盾时，要谨慎从

[1] 班主任"倾听"的艺术［EB/OL］.［2004-11-28］. http://www.lxsz.com/news/shownews.asp?newsid=303.

事，不要急于找还处在心理抗衡状态中的学生强行教育。可以把矛盾放一放，等它“冷却”后再疏导，这样学生比较容易接受，就能取得更好的成效。

二、倾听的方式

个别谈心是倾听学生心里话、了解学生真实想法的最有效的方法之一。面对面的促膝谈心，在平等宽松的气氛中缩短了师生间的感情距离，学生这时愿意向班主任倾诉心里话。但也要注意谈话的态度和技巧的技巧，班主任的一个眼神或动作可能就是对学生的鼓励或制止。特意找学生谈心会导致学生紧张，善于倾听的班主任会创造尽可能多的“随意”的谈心机会，使学生在轻松的氛围中倾吐自己的心声。

班会是“倾听”的好机会，班主任要尽可能设计形式多种多样的班会，使学生积极、主动参与，从中“倾听”班级内更多的学生对人对事的看法。班主任要投身到学生的活动中去“倾听”，因为在活动中，学生的身心是开放的，内心是不设防的，此时不经意的言谈往往是内心真实想法的自然流露，班主任要善于捕捉教育的契机。

三、倾听的态度

对于许多班主任而言，不是不能听，而是不愿听。要学会倾听，在倾听的过程中要学会接纳和平等、专注和警觉、鉴赏和学习、执著和冷静、参与和体验。这样的倾听就是真心的倾听，它能有效地改变班主任的倾听方式，使他们从外在的听到内在的听，从抽象的听到具体的听。

要想听到学生的真心话，班主任首先要尊重学生、爱护学生，关键是要有爱心和耐心。若班主任以长者、智者自居，摆出一副居高临下的架势，学生容易产生防御心理，形成抵触情绪。诚恳的态度是打开学生紧闭的心扉的钥匙，是倾听的前提。

倾听还要有宽广的心胸。不管班主任的工作是如何认真负责，也不管班主任是如何充满爱心，工作中出现偏差总是难免的。另外，由于学生身心发展的特殊性以及学生的认识偏差和个性差异，总有一些意见与班主任相左。对此，班主任应认识到：学生愿意提出自己的看法或主张，说明他有交流的愿望，不管他的看法正确与否，班主任都应容纳，让学生感受班主任的博大胸怀，这样你才能不断地听到真话、心里话。

第六章
班主任个别教育的艺术

本章从班主任个别教育的意义入手，选取“三生”的个别教育问题、非正式群体的个别教育问题及班级偶发事件的处理问题等进行深入探讨。通过本章学习，班主任可以掌握科学的个别教育方法，为提升自身个别教育艺术提供帮助。

第一节　个别教育的意义

个别教育是在小学班级授课制中面向学生个人实施的教育和指导，它针对每个学生的个别差异进行教育，旨在创设有利于每个学生发展的最好环境。其主要特征是：教育对象的个别性和教育方法、形式的差异性。

一、个别教育与集体教育相辅相成

一个小学班级通常由几十个男女学生组成，集体教育是班级组织形式的主要途径。无论对班级群体还是对学生个体的成长，集体教育都具有极为重要的价值，如营造学习氛围、促进社会化进程、培养群体心理品质等。对小学生来说，班级中的集体生活是他们实现社会化的必经历程。

班集体的构成基础是个体，集体教育只有对每个学生个体产生实际的影响，才能说达到了最终目标。反过来，教育在个体身上引起的反应而形成的个体素质，最终会直接或间接地重新反馈到集体，形成学生集体的一种素质。因此，班主任对学生进行个别教育，实际上也为集体教育打下了基础。

集体教育与个别教育两种形式在班级教育中相互作用、不可或缺，教育集体影响个体，对个体的教育又影响集体。前苏联教育家马卡连柯将二者称为“平行教育”。集体教育与个别教育犹如班级教育的“两翼”，只有相互协调，班级才能平稳发展。

二、个别教育满足学生个性发展的需求

班主任针对某个学生的特点及需求进行单独的指导和帮助，这是个别教育的特色，它的优越性就在于能最大限度地帮助学生。

在班级教育中，班主任面对的是一群性格各异的学生，他们有优有劣。教育的理想效果，就是要促进学生在各自潜质的基础上形成有特色的个性，并使之得到最大的发展。因此，在特定的场合和时机，班主任需要就某个问题直接对学生进行个别的指点和教育，这是促进学生个性有效发展的良策。

三、个别教育体现人文关怀的精神

个别教育一对一地进行，可以保护学生的隐私，使他们的自尊心不受伤害。每个正在发展之中的学生都渴望得到老师特别的亲近和关爱。个别教育在形式上多用个别接触的方式，这种方式

让学生个体由于独自享受老师的关心而产生幸福感和满足感。

“精神关怀是班主任专业劳动的核心内容，班主任在工作中要关心学生、理解学生、尊重学生、信任学生，重视与学生的心理沟通与交流。”[1] 班主任在指导某个学生之前，首先要观察、揣摩这个学生，发现他的独特之处，从而形成有针对性的指导方案。在与学生单独交流时，班主任要更深入地了解他，随时调整自己的教育方法，因势利导，争取获得最好的教育效果。这个过程显示出对学生个体最大程度的尊重。

第二节 “三生”的教育艺术

“三生”即我们通常所说的“优等生”、“中等生”和“后进生”，主要是依据学生的学业成绩和思想品德来划分的。个别教育不仅包括对后进生的教育，也包括对优等生和中等生的教育，三者同等重要。每个学校都存在这三类学生，“三生”问题也一直是教育工作者想要解决的问题。要做好“三生”教育，班主任必须深入了解，针对每类学生的特点有的放矢地进行教育。

一、对优等生的个别教育

（一）优等生的形成及其特点

优等生通常是指那些在班级中品学兼优、全面发展的学生，他们往往在班级中有较高的威信和号召力，是老师的助手、学生的楷模。优等生是在社会、家庭、学校的共同影响下，并通过个

[1] 班华．专业化：班主任持续发展的过程［J］．人民教育，2004（3）：25.

人努力而逐步形成的。他们优点很多，如理想远大、成绩优秀、自尊自信、好胜心强等。但是他们也存在很多不足，如以自我为中心、劳动观念差；容易骄傲自满、目空一切；遭受挫折后一蹶不振等。对于优等生，班主任要加强教育与指导。

（二）优等生的教育方法

1. 客观评价，正确培养

鉴于优等生身上存在正反两方面的特点，班主任必须实事求是、全面评价，既要肯定其优点，又不能姑息、放纵其缺点。教师要在尊重优等生自尊心的基础上，提高其自我剖析的意识和能力，并帮助他们在原有基础上再接再厉、不断进取。

2. 严格要求，及时批评

对于优等生，班主任应严格要求，在必要的时候要对他们进行适当的批评。班主任要让他们知道自己目前的优势不是固定的，只有充分发挥自己的潜力和智慧才能保持。班主任应适时地向优等生提出更高的要求。当然，对他们高标准、严要求，也要讲究方式方法，做到严而有方、严慈相济。

3. 挖掘潜能，培养兴趣

学生的各种能力都是在主体与环境的相互作用中形成和发展的，他们参加了什么实践活动，就发展什么能力。对于品学兼优而无其他特长的学生，班主任要积极引导他们挖掘自身的其他潜能并使之萌发为课余兴趣、爱好、特长，以避免他们变成纯粹的“书呆子”或“高分低能”。

4. 加强指导，磨炼意志

在实际学习、生活中，往往会遇到许多困难和挫折，有些优等生的心理素质不够强，稍经风雨就萎靡不振，甚至想不开而采取极端手段。班主任要加强对优等生的心理指导，让优等生对挫折有正确的思想认识。必要的时候，还可设置一些困难，让他们在挫折中成长，磨砺他们的意志，以培养其坚韧不拔的品质。

二、对后进生的个别教育

"后进生是智力发展正常，但没有充分发挥自己的智力因素而不能达到最低的学习标准，学习成绩长期落后的学生。"[1]后进生一般求知欲不强，学习能力较低，自卑感强，多疑心理和逆反心理严重，意志薄弱，没有良好的学习习惯。

后进生向来是教育工作者聚焦最多的对象。如何把他们转化过来，对于班主任来说是一个棘手的问题，对整个班集体能否良性发展也非常重要。虽然他们学习成绩和思想品德暂时落后，但只要方法得当，班主任便可以开掘他们隐藏的巨大潜能。分析后进生的心理特点，有针对性地做好对他们的教育、转化工作，是班主任个别指导和教育工作的重点内容。

（一）后进生的心理特点

后进生的心理是复杂多变的，其表现形式和严重程度也不一样。后进生往往没有明确的学习动机和学习目的，因而他们缺乏强烈的求知欲，学习能力低下；他们对学业分数漠不关心，毫无荣誉感可言；他们自制力薄弱，自觉性差，往往会出现反复。另外，由于在学习、生活中缺少必要的关心与重视，后进生容易自卑，做事常常信心不足，最终导致自暴自弃、破罐子破摔。因此，班主任必须根据每个人的心理特点，采取灵活多样的教育措施，把后进生教育好。

[1]　王荣琴.后进生学习困难的心理原因及其转化策略［J］.安阳师范学院学报，2001（3）：42-43.

（二）后进生的教育方法

后进生在班级里人数少，但破坏性很强。班主任在对后进生进行教育时，既要有爱心，更要有耐心。一方面要认识到，只要方法得当，后进生可以转化；另一方面也要做好心理准备，后进生转化教育是一项长期、细致的工作。要转化好后进生，班主任大致需要做到：

1. 消除偏见，给予关爱

没有爱就没有教育，爱是教育的基础和前提。班主任应消除对后进生的固有偏见，平等地对待每一个学生，对他们付出真心的关爱，帮助他们明辨是非，培养他们良好的学习习惯。只有走进学生的心灵去了解他们，认识他们，他们心里的疑惧和对抗才会消除，班主任才能真正做好他们的转化工作。

2. 提供机会，多给肯定

任何学生都有优点和缺点，即便是后进生，也有闪光点，只是不为人所注意而已。班主任应该尽可能多地组织集体活动，给后进生以展示自己个性特长的机会。只有通过多种形式的集体活动，才能给他们提供展示的舞台，才可能使后进生削除以往的自卑，建立应有的自信。班主任要抓住后进生每一次的小进步或不时出现的其他方面的闪光点及时进行表扬和鼓励，使他们在肯定中不断取得新的进步。

3. 分清差异，对症下药

后进生的形成原因是多方面的，既有成长过程中的主观心理需求，又有社会、家庭因素的影响。班主任要了解每一个后进生的具体情况，分析其形成原因，选择灵活有效的教育措施，对症下药。同时，还要与家长取得联系，共同研究转化方法，然后对其进行有针对性的教育。

4. 抓住契机，及时转化

在做转化后进生的工作时，班主任要善于抓住恰当的教育契机促进其转化。契机的出现一般有几种情况：(1) 后进生长期受到漠视，突然得到关心时；(2) 后进生长期遭遇失败，偶尔取得成功时；(3) 后进生偶尔受到启示，反思自身过失时。班主任除了要抓住这些时机外，还要积极创造条件，促使转化契机出现，以加速后进生的转化。

5. 尊重人格，持之以恒

在教育过程中，后进生常常会出现反复，这属于正常现象。后进生往往意志力薄弱，很容易发生动摇。一般来说，后进生在前进过程中出现的反复，并非过去错误的简单重复，班主任要看到反复中进步和发展的因素，灵活应对和引导，切忌操之过急或灰心丧气。

班主任的教育要循序渐进，持之以恒，关键是尊重后进生的人格和自尊心。班主任对后进生既要给予中肯的批评教育，激发其学习动机，增强其自信心和集体荣誉感，又要注意保护其已经被调动起来的积极性，因势利导，促进转化。

三、对中等生的个别教育

中等生是在班级中学习成绩处于中游、品行方面表现平平的学生。中等生介于优等和后进之间，在班级中队伍最庞大。班主任在重视优等生和后进生的同时，不能忽视对中等生的教育。如果班主任忽视了对中等生的教育，就会产生一种潜在的扩大后进生队伍的危险；如果对他们进行有针对性的指导，就可以增加优等生的人数。所以，班主任要重视对中等生的指导、教育。

（一）中等生的常规表现及分类

成绩不突出是中等生的显著特点。他们尽管平时学习很努力，但成绩仍然很一般。他们在班集体中较为安静、本分，日常表现、活动能力都一般。由于优点和缺点都不突出，所以他们也就容易被班主任忽视。

其实，中等生也分三种不同的类型：

第一种是正常发展型。这类中等生思想基础较好，有力争上游的愿望，但由于能力有限，想干却干不好。第二种是潜能尚待开发型。这类中等生学习动力不足，缺乏上进心，安于现状，甘居中游。第三种是情绪不定型。这类中等生思想不稳定，情绪时好时坏，成绩忽高忽低，起伏比较大。他们的共同点就是信心不足，表现欲不强。

（二）中等生的教育方法

1. 改变看法，悉心关注

对于中等生，班主任应给予足够的关心与重视。班主任应满足中等生渴望得到关注的心理需求，让他们切切实实地感受到温暖，感觉到他们自身并不是游离于班级之外的可有可无的群体。教育实践证明，中等生的积极因素一旦被调动起来，不仅能推动他们自己不断进步，还将成为一支推动班集体发展的重要力量。

2. 因材施教，个别指导

班主任要根据中等生的不同类型进行有的放矢的教育。

首先，对正常发展型的中等生，重点解决方法问题。班主任平时要经常给予表扬，肯定他们积极上进的热情和勤奋的学习态度，为他们指点学习或工作的方法，鼓励他们勇敢地去实践。同时，还要创造机会，给他们一些为集体服务、组织活动的机会，锻炼他们的工作能力。

其次，对潜能尚待开发型的中等生，重点解决学习动力问题。班主任首先要培养他们的自我责任感和积极进取心，激发其奋发的内在动力；同时又要充分利用人为的表扬、鼓励等措施，对他们取得的任何一点进步，都及时予以肯定和重视，以激起他们学习的信心和动力。

再次，对情绪不定型的中等生，重点把握情绪问题。班主任应多与其谈心，当他们情绪高涨时，要及时鼓励他们上进，并促进其向先进层次发展；当他们情绪低落时，应及时帮助他们克服困难，振奋精神，防止他们消沉下去而向后进生转化。

3. 分层活动，展现特长

班主任要在班内组织多样化的、分层次的小型活动，让更多的学生（特别是中等生）能在活动中施展才能，体验成功的喜悦，树立自信心。还可以实行值日班长、值日小组长制度，让中等生也参与班级、小组的管理，鼓励他们大胆工作，别怕失败，从而使他们经受锻炼，增长才干。

教育心理学分析，无论是优等生、中等生，还是后进生，都希望得到别人的赞赏和肯定，都有成功的心理倾向。因此，班主任在开展个别教育时，既要抓两头，也要抓中间，努力使中等生向好的方面转化，实现班级工作的良性发展。

第三节 非正式群体的引导艺术

一、非正式群体概念界定

美国心理学家梅奥（Mayo.G.E）20 世纪二三十年代在芝加哥霍桑工厂的实验中提出了正式群体和非正式群体的概念。他认为，学生非正式群体的主要功能在于满足学生个人的心理需求，其成员之间常带有明显的情绪色彩，通常没有明确的组织结构关系，其成员的地位、角色及权利和义务的规定也不明确，是自发组成的、无明文规定的目标与职责分工、缺乏稳定的结构及明确规范的团体。

“非正式群体指以个人好恶、兴趣等为基础自发形成，无固定目标，无成员之间的地位和角色关系的群体。”[1]这种没有明文规定，无固定编制和完备的规章制度，由学生个人的好恶、兴趣等因素自发形成的小团体就是学生中的非正式群体。非正式群体是小学生中普遍存在的现象。

二、小学生非正式群体的类型

小学生非正式群体，可以从不同的角度进行分类。以下着重介绍按照群体性质划分的类型。

（一）积极型

这类群体的目标与班集体的目标完全一致或基本一致，配合班主任、班干部和少先队干部搞好工作，对形成良好的班集体起着积极的促进作用。

（二）中间型

这类群体对于自己小团体的关心往往更胜于对班集体的关心。他们对于学校活动的开展及班集体的建设，有时起着积极的作用，有时起着消极的作用。

（三）消极型

这类群体对集体活动缺乏热情，与班集体的目标不一致，但

---

[1] 中国大百科全书总编辑委员会．中国大百科全书：社会学卷［Z］．北京：中国大百科全书出版社，1991：47.

其行为尚未构成破坏活动。

（四）破坏型

这类群体对学校持对抗的态度，并与班集体有利害冲突，其活动具有较强的破坏性，会干扰、破坏班级正常工作。

三、小学生非正式群体的成因分析

小学生的自我意识逐渐觉醒，他们强烈地感受到自我的作用，萌发了独立意识，要求被别人理解、认可，这种种需求随着时间的推移逐渐变得强烈。非正式群体之所以能够在小学生当中存在，是因为它能满足小学生在正式群体中得不到满足的需要。"这种小群体对儿童的影响，往往比父母的赞许、教师的评价或者在班级的正式角色更加重要。"[1]从心理方面分析，它的形成主要有三种原因：

（一）某种观点上的一致性

参与非正式群体，可以得到认同感与支持等。从小学生非正式群体的构成成分来看，在班级中位置比较接近的学生更容易形成非正式群体。在班级中，学生个体为了找到合适的社会适应感，就会形成以学习成绩来划分的非正式群体。优等生在班级中已得到很好的归属感，无须加入非正式群体。而中等生和后进生，因缺乏足够的重视，导致归属感不强，他们迫切需要加入非正式群体以得到其他人充分的肯定、欣赏和承认，来满足被尊重、被重视的愿望。

（二）有共同的价值观和相同或相近的爱好与兴趣

在班级中最为常见、最为积极的非正式群体，往往是为满足

[1] 鲁洁，吴康宁．教育社会学［M］．北京：人民教育出版社，1991：398.

学生个体的自我实现需要而结成的。这种非正式群体是由于某种兴趣、爱好、价值观的一致而形成的。如喜欢绘画的人经常在一起学习、交流，很少去计较各自在性别、学习成绩、家庭地位等方面的差异，在长期的学习、生活中，他们相互沟通，因志趣相投而相互产生好感。

（三）有相似的经历或家庭背景，在情感上产生共鸣

这种非正式群体是由于有相同的经历和背景而形成的，如同龄、同族、同小组、有共同遭遇的人经常在一起，寻求心理的支持。在班级中，有的还会因为学生父母社会地位的差异，折射到学生身上形成家庭社会角色、社会层次的差异，导致学生结成家庭社会层次、社会背景相似的非正式小群体，如由高干子弟、富家子弟形成的群体，单亲家庭孩子结成的群体等，应引起老师的高度重视。

四、小学生非正式群体的引导

班主任在班级管理工作中，对于各种非正式群体，要认真分析，按照其性质与类型区别对待，采取有针对性的教育对策积极引导，做到因材施教。换言之，班主任对非正式群体，要做到鼓励、支持积极型，引导、争取中间型，疏导、改造消极型。

（一）支持、鼓励积极型的非正式群体

（1）利用非正式群体成员之间有较好情感的特点，引导他们互相学习，取长补短，较好地发挥各自的特长，满足他们实现自我的需要，促进他们个性的健康发展。

（2）利用非正式群体内部信息沟通灵敏、迅速的特点，及时收集他们的意见和要求，及时了解群体动态，了解每个学生的情况，从而为采取有效的班级管理决策提供依据。

（3）利用非正式群体凝聚力强的特点，有意识地把班级的一些工作交给他们去做，提高工作效率。如在分组活动中，可以让其自由组合，充分调动群体成员的积极性。

（4）利用非正式群体中自然形成的核心人物威信高、影响力大的优势，在条件允许的情况下，可以给予其一定的职务，通过其引导群体成员为班集体工作服务，从而把非正式群体纳入班集体目标的轨道。

（二）引导、争取中间型的非正式群体

在班级工作中，中间型的非正式群体常常被班主任忽视，因为这类非正式群体在班级中的地位和作用不太突出。但是，这种非正式群体在班级中仍具有一定的影响，如果忽视他们，将不利于班集体凝聚力的增强。班主任要允许这种非正式群体存在，并引导其确定正确的群体目标，鼓励他们广泛地与同学交往，增进了解，在班级中建立和谐的人际关系，化消极因素为积极因素，引导其朝着班集体的共同目标发展。

（三）疏导、改造消极型、破坏型的非正式群体

1. 转移兴趣

把某些兴趣转移到正当的方面，如把好胜心理转移到学习方面或其他比赛活动方面。

2. 设置环境

人为设置环境，改变非正式群体的心理意识和群体目标。如编排学习小组、宿舍、座位时，注意正式群体成员与非正式群体成员搭配，让他们一起学习、一起生活，用正式群体成员的集体意识和群体目标去影响和改变他们。

3. 联络感情

班主任要加强同非正式群体成员的联系，增进感情，增加非

正式群体同正式群体在目标和行动上的一致性。

4. 重视非正式群体中核心人物的教育

非正式群体中的核心人物影响大，他既可以把成员带入反面，也可以引入正道。因此，教育好这个核心人物，十分关键。

总之，小学生非正式群体在小学生的社会化进程中扮演着不可或缺的角色，我们不能忽视。正确教育、引导学生的非正式群体，不仅有助于学校、班级的管理，而且有助于学生的健康发展。

第四节　偶发事件的处理艺术

偶发事件是指班级日常生活中突然发生的、预料之外的不良事件或矛盾冲突。在一个班级中，突发事件都不同程度、不可避免地存在着。偶发事件处理的好坏，是班主任工作能力高低的综合体现，也是衡量一个教师成熟与否的标准之一。所以，处理偶发事件的水平是对班主任工作艺术的考验。

一、偶发事件的性质

偶发事件的性质多种多样，一般说来可分为两种：

（一）一般性偶发事件

如损坏公物、课堂纠纷、旷课、抽烟、喝酒、小偷小摸等。

（二）特殊性偶发事件

如意外受伤、学生之间打架、离家出走、严重违反社会秩序和纪律等。

这些偶发事件不管是发生在课内还是课外，都需要班主任去处理。班主任如果不能及时制止和矫正这些不良行为，随着时间和次数的累积，学生就可能形成不良习惯。

二、处理偶发事件的原则

班主任必须本着教育学生、促进学生身心健康发展的原则处理偶发事件，要迅速控制事态的发展，采用适当的方法来处理。全班出现的问题，可当时处理；个别学生的问题，可私下处理；课上的问题，可课下处理。

（一）沉着冷静原则

善于调节控制自己的情绪和行为，是班主任处理好偶发事件的前提条件。作为班主任，不能一听到或遇到偶发事件就怒发冲冠，这样很可能把本不难处理的事情搞成一团糟。当事件发生时，班主任一定要沉着、冷静。这样做不仅能起到稳定学生的作用，也利于自己多方面思考、分析，作出恰当的处理。

（二）教育性原则

偶发事件大多是比较孤立的事件，一般发生在少数学生身上，但处理偶发事件要着眼于大多数，扩大教育的范围。除了极个别的偶发事件牵涉个人隐私，不宜公开处理外，大多数可以拿来作为教育全班的典型事例。班主任在处理偶发事件时，要抓住时机，挖掘教育因素，扩大教育效果。

（三）公正性原则

不论是谁，当发生偶发事件时，班主任都应一视同仁。因为公正无私的态度是班主任处理偶发事件的前提和必要条件，这不但涉及处理的效果，也涉及教师的职业道德问题，更涉及教师在学生心目中的形象和威信。班主任在采取措施制止偶发事件时，不能只指责一方；在对偶发事件发生的原因进行调查时，要认真听取双方的陈述，不能偏听、偏信某一方，而压制另一方；在最后处理时，要实事求是，对事不对人。

（四）自行解决原则

对学生中的偶发事件，一般应先让当事人冷静反思，而不要轻易把问题上交学校或有关部门。对一般性的偶发事件，班主任应落实在班级范围内自行处理，这样可以树立班主任的威信；对必须上报的偶发事件，班主任也应该配合，主动承担教育的责任。

（五）禁止体罚原则

在处理偶发事件时，体罚或变相体罚学生极易造成学生的对立情绪，也易引起家长和教师的纠纷，不利于学生的身心发展。

三、处理偶发事件的方法

小学班级工作千头万绪，班主任要防微杜渐，尽量减少偶发事件的发生，一旦发生，也要采取恰当的方法予以处理。正确处理偶发事件，不论是对维护班级纪律、提高全班学生辨别是非的能力、促使班集体舆论的进一步形成，还是对教育犯有错误的学生都是十分重要的。

常见的处理偶发事件的方法有以下几种：

（一）冷却处理法

偶发事件的处理注重时效，在什么时候进行处理是一种艺术。冷却处理，就是班主任采取淡化的方式，把偶发事件暂时放一下，或是稍作处理，留待以后再从容处理的方法。实施时，班主任不要轻易下结论，而应先弄清事件的来龙去脉，暂时平息矛盾，阻止事态扩大，然后对偶发事件的处理作一个预先的“交代”，并让学生理解这样处置的理由。

（二）转移注意法

当偶发事件发生时，如果面临当时条件不允许对偶发事件进行调查和处理，而不进行处理又无法平息个别学生的情绪，或是这样的事件原本也不必弄个水落石出的情况，班主任可利用学生身上的某个“闪光点”，根据小学生注意力容易发生转移的特点，巧妙地把对偶发事件的处理转移到另一件事情上去。

（三）幽默化解法

有些偶发事件形成了一定的尴尬局面，却不值得争个曲直长短，如果非追究下去，结果只能越搞越糟。遇到这种情况，聪明的办法就是用幽默来进行化解。运用幽默，不仅是为调节情绪、缓解冲突，更主要的是，它本身就是教育的武器。班主任用幽默化解问题，既能显示教师的大度，又能摆脱尴尬境地，还能为学生创设教育的氛围。

（四）宽容法

小学生身心尚未成熟，认知水平低，而且缺乏生活经验，社会阅历肤浅，犯错在所难免。班主任在处理偶发事件时，应尽量用宽容的心态包容学生、感化学生。宽容是处理偶发事件的心理基础，它不是软弱，不是迁就，而是教师要给予学生更多的爱心和理解，从而激发学生心灵深处的自我反省。对学生宽容，是作为一名教师应具备的素质。

（五）集体表决法

虽然小学生各方面的能力还不及成人，但对于处理班集体中的事情，他们明辨是非、作出正确判断的能力不可小觑。班主任可以利用这一点，运用集体的力量来对偶发事件作出正确的处理。班主任在借助班集体的力量来处理偶发事件的过程中，可使班集体得到教育，增强班级凝聚力，强化是非观念，使处理事件的过程转化成为教育的过程。

（六）先扬后抑法

有些偶发事件在平时教学中经常发生，如给老师、同学起外号，捉弄老师和其他同学等。不少老师在处理时，或简单粗暴，或近于说教，缺乏实效。遇到此类事件，班主任应先肯定他某些方面的想法，再否定他这样做的方式，鼓励学生用优点克服缺点，启发学生进行自我教育，同时把对个别学生的教育看成一次对全班学生进行引导教育的契机，让全体学生的思想品德得到一次净化，使班级的管理工作得到进一步发展。

（七）因势利导法

课堂中有些偶发事件的出现，已经激起了学生的好奇心，完全吸引了学生的注意力。在这种情况下，教师要想让学生重新集中注意力于原定的事情上，是十分困难的。这时教师可以发掘事件中的积极因素，顺应学生的好奇心，满足学生的求知欲，因势利导地开展教育或教学活动。这样，不但保证了课堂教学的秩序，而且扩充了课堂教学信息，从而达到了教学目的。

高超的应变能力，应该是蕴涵教师的事业心、品德修养、创造性思维品质、语言表达功底、课堂民主作风、积极参与意识等诸因素于一体的综合艺术。教无常法，贵在得法。班级偶发事件的处理也是如此，这需要班主任在实践中不断积累经验，不断锤炼机智的应变本领。

第七章
班主任教育评价的艺术

班级评价是班主任根据班级发展目标对班级组织的发展程度和水平，班级成员的身体素质、心理素质、社会文化素质的发展程度和水平的分析、鉴定和评价。班级评价包括对班集体的评价和对班内学生个体的评价。建构合理的班级工作评价体系，科学开展班级评价，有助于保障班级管理的效能，促进班级组织的有效运行。

第一节　班级评价概述

“班级工作的评价是对班级管理目标达成度的判断，但评价的目的却不仅仅是在判断本身，其归宿是在于判断而形成的增值探索。”[1]

[1] 谌启标，王晞，等．班级管理与班主任工作［M］．福州：福建教育出版社，2007：249.

一、班级评价的内容

（一）班级目标的评价

班级目标评价，实际就是评价班级所确立的目标是否正确，主要包括班级目标是否坚持了素质教育的方向、是否与学校的工作目标相一致、班级目标的确立过程是否合理、班级的目标是否有特色、班级的建设是否具有计划性等。

（二）班级组织的评价

班级组织的评价主要包括班级组织机构评价和班级制度建设评价。班级组织机构评价主要指班级内各级组织（班、组、队等）的建立情况及各级组织职责是否明确等内容的评价；班级制度评价主要指班级内各项制度的制定情况及执行情况评价。

（三）班级活动的评价

班级活动的评价主要包括班级的教学活动、思想品德教育活动、课外活动、文体活动、个别教育活动及家长工作等的评价。

（四）班级管理成效的评价

班级管理成效的评价主要指对班级内学生个人与集体发展的评价，主要包括学生个体素质评价、学生整体素质的评价、班级内人际关系的评价、班级物质环境与精神环境的评价。

二、班级评价的方法

（一）评语评价

评语评价是指班主任将对学生的个性特点和发展状态的判断，以评语的形式进行评价。根据评语的书写方式，可以把评语评价分为三种：罗列式评语，即班主任在对学生的发展作出判断之后，采用分点式的写法，用结论式的语言概括地表达学生的优点和缺点；情感式评语，即班主任通过比较学生现有行为与以往行为，从期待的角度对学生的行为所进行的描述；描述性评语，即班主任对学生的个性特征和发展状态所给予的客观描述。

（二）表现性评价

表现性评价是指通过观察学生在完成实际任务中的表现，而对学生作出判断的过程。表现性评价的形式有口头表达、模拟表演、情境预设、命题调查、主题项目等。表现性评价的方法就是教师对学生在各种活动中的行为表现进行观察，做好观察记录，通过概括学生在不同活动中的行为表现而作出判断。

（三）档案袋评价

档案袋是指对学生作品、学生进步记录和学生反思的有目的的收集，档案袋评价也称为成长记录袋评价，是班主任收集检查信息、使用信息以促进班级发展的过程。学生的所有成长经历，无论是成功或不成功的、精致或粗糙的作品，都可以作为学生成长的印证而收入档案袋。这样既为档案袋内作品，的选择提供了广泛的空间，也加大了选择的可能性。

三、班级评价的意义

（一）鉴定作用

班级评价的鉴定作用主要表现在，通过评价能够有效鉴定班级组织的发展现状，更重要的是鉴定班级管理中存在的问题。班级评价能够帮助班主任发现班级存在问题的原因，为管理好班级、促进班级组织的良性运行提供有针对性的咨询信息。

（二）导向作用

导向即引导方向。班级评价的导向作用是依据班级的发展目标和优秀班集体的标准对班级发展起到引导方向的作用。班级组织要获得理想的发展，就必然要求班主任和班级同学了解优秀班集体的标准和认同班级组织的发展目标，将发展目标反映在班级的管理中，不断对照优秀标准建设班级。优秀标准和班级目标对班级的管理及组织发展发挥了导向作用。

（三）调控作用

调控即调节控制。班级评价的调控作用就是评价对班级建设有调节和控制的作用。评价可以提供班级管理的信息，班主任可以根据班级工作评价反馈的信息，对照优秀班级标准和班级发展目标对原有的班级工作进行必要的、适当的、及时的调整，使得班级管理保持应有的动态平衡，促进班级组织的良性运行。

（四）发展作用

班级管理的目标是育人，是促进学生身心和谐、健康地成长。因此，班级评价应以促进学生的发展为根本目的，要重视发挥班级评价的形成性作用，实施评价的过程就是帮助学生不断认识自我、发展自我和完善自我的过程。

第二节　班主任的表扬艺术

表扬是通过对学生良好品质与行为的肯定而进行的正面、积极的教育。表扬是一种外在的、积极的强化手段，是对正面、积极品行的提倡与激励，是教师有目的地树立榜样的方式。表扬可以发挥学生的积极性，可以使学生获得自尊感和成功感的幸福体验，可以激发学生强烈的进取心，是班主任教育的法宝。常用的表扬方式有口头式、书面式、表情式等。

一、班主任进行表扬的原则

（一）客观性原则

表扬要坚持实事求是的原则，既不夸大其词，也不轻描淡写，要适时、适度。所以，对于所表扬的人和事，班主任要事先进行全面核实，不能偏听、偏信，更不能掺杂主观好恶。如果不该表扬的受到了表扬，或表扬的事实失实，不但会失去鼓励先进的作用，而且会造成学生对老师的不满，甚至反感。

（二）公正性原则

无论什么样的学生，无论其学习成绩好坏，无论其家庭贫富，无论其以前行为如何，在某件事情上有相同的良好表现时，教师的表扬应一视同仁，不能因其短而不见其长，也不能因其长而护其短。

（三）全面性原则

表扬的范畴应涉及学生学习、生活、心理的方方面面。一些班主任仅对考试分数高、课堂表现好的现象给予表扬，而很少关注学生成长过程中的微小进步。实际上，在班主任和学生的交往过程中，学生学习上的进步、思想品德的提高、良好生活习惯的养成、偶然的“闪光”行为等，都是班主任表扬的范围。

（四）因人而异原则

“表扬的效果是因人的不同年龄、性别、气质、性格及认知水平而异的，因此要根据被表扬者的特征选用恰当的表扬方法。”[1] 如对积极要求进步、有强烈自尊心和集体荣誉感的学生，宜采用公正、客观、振奋人心的语言表扬；对有退缩行为、胆小

[1] 伍德勤，时伟．中小学班主任工作的理论与实践［M］．合肥：合肥工业大学出版社，2004：239.

怯懦、缺乏自信的学生，宜采用鼓励、肯定、热情的语言；对那些思维灵活、贪玩的学生，宜采用暗示、提醒的语言。

二、班主任的表扬艺术

（一）对班干部的表扬艺术

班干部是班主任的得力助手，是全班同学的带头人，是班集体的核心力量。“在班级的管理工作中，班主任紧紧抓住了班干部的工作，就是抓住了矛盾的主要方面”。[1] 班主任对班干部的表扬，是对班干部工作成绩的充分肯定，是对其工作的有力支持，是促使班干部努力工作、不断进取的动力。

1. 鼓励为主

班主任对工作积极、为班级管理做出成绩的班干部，要及时予以表扬，这样可以激励其工作的干劲，使其保持饱满的工作热情，以争取更大的成绩。对那些工作积极性不高、班级工作成绩不突出的班干部，也要给予支持和鼓励，促使他们认真总结经验和不足，改善为班级和同学的服务，在工作中增强信心、增长才干。

2. 信任为主

班主任对班干部要充分信任，大胆使用，调动班干部工作的积极性，切忌在班干部工作时指手画脚，当着学生的面指点不足，否则既会束缚班干部的手脚，又会造成他们心理上的压力。班主任要注意培养班干部各方面的能力，要做到在使用中培养，在培养中使用。

---

[1] 史铁成，张宝臣，张忠恒．班主任工作操作策略［M］．哈尔滨：哈尔滨工业大学出版社，1998：301.

（二）对优秀学生的表扬艺术

优秀学生是指那些在德、智、体、美等各方面发展较好，热心班级工作，在学生中有较大威信的学生。优秀学生是班级管理的中坚力量，是班级活动的骨干和主动带头人。他们虽然人数少，但有巨大的影响力和鼓动作用。班主任要重点关注优秀学生的新的进步，针对新的进步及时表扬，甚至校外情况、交友情况、业余爱好都要注意了解，使其意识到班主任对他们的关心，这样就会使其自我督促、自我发展。

1. 树立标兵

榜样的力量是无穷的。在班级里树标兵，就是给学生设榜样。树标兵要与学习英雄等先进人物的活动紧密结合起来。把优秀学生树为标兵，是对优秀学生的极大鼓舞，也是对其他学生的极好鞭策。这样能使学生们明确学习的方向、行为的尺度，做到远学英雄，近学标兵。加德纳提出的多元智能理论是基础教育改革的重要理论基础，班主任可根据学生在不同领域的优秀表现，在班级活动的各个领域树立不同的标兵。

2. 严格要求

优秀学生经常受到老师的表扬、学生的称赞，极易滋生骄傲自满情绪，因此班主任在表扬他们优点的同时，一定要帮助他们认真查找自己的不足，并对其发展提出新的目标和严格要求，以巩固他们所取得的成绩，激励他们得到新的进步。

（三）对后进生的表扬艺术

后进生是那些对自己要求不严格、经常受到批评、学习成绩较差的少部分学生。后进生经常获得的是老师的批评，表扬似乎与其无缘。其实，表扬与批评同为强化手段，同等重要。由于后进生心理较特殊，班主任表扬后进生也需要一定的艺术。

1. 长善救失

基于中国传统的教育观念，后进生主要是那些学习成绩差的学习，学习成绩差主要是数理逻辑能力和语言能力差。在评价后进生时，要全面考虑多元智能的其他方面，班主任要找到其优势领域和优势智能，后进生在这些领域取得成绩，教师要及时表扬、鼓励，帮助其树立全面发展的信心。

2. 引导为主

“进步并不是优秀学生的专利，后进生也有进步的心理要求，有时甚至也很强烈。”[1] 因此，教师要通过树立榜样点燃学生积极要求上进的烈火，同时关注学生平时的表现，及时发现其在各方面的进步并给予表扬。班主任在表扬后进生进步的同时，也需要帮助其找出改正缺陷的措施，并经常予以指导，引导学生积极上进。

3. 促进转化

“后进与先进是相对而言的，一切事物都是发展变化的，后进生也不是固定不变的，也可以向好的方面转化。”[2] 但是，后进生转化为先进生需要一个转化过程，班主任对后进生的转化教育不能急于求成，要有足够的耐心。后进生的转化重点是培养学生的自尊心和自信心，要做到动之以情，深于父母，晓之以理，细如雨丝，使他们的缺点得以克服，优点和长处得以更好地发挥，逐步得到转化，向先进行列迈进。

[1] 张宝臣．班主任工作艺术论［M］．哈尔滨：哈尔滨工业大学出版社，2009：125.

[2] 同上。

第三节 班主任的批评艺术

批评与表扬一样，也是班主任对学生进行思想品德教育常用的一种方法。批评是班主任对学生的不恰当思想言行给予否定的评价，目的是要引起学生思想的变化，从而改正缺点和错误。常用的批评方式有提醒式批评、商讨式批评、开导式批评、示范性批评、表扬式批评等。

一、批评的基本原则

（一）态度诚恳，情理并重

批评学生要以真心诚意帮助学生改正错误为出发点，不能因为学生犯了错误而一味讽刺挖苦，要让学生通过批评体会到老师的善意和爱心，从而真正敞开心扉。批评学生不能一味地讲道理，而应该设法用感情去打动学生，只有情理并重的批评，学生才乐于接受。

（二）有的放矢，力求准确

班主任对学生的批评教育，最重要的就是要掌握准确的事实，做到实事求是。在批评之前，必须弄清事情的来龙去脉和当时的具体情境，这样才有利于帮助学生分析原因，找到解决问题的对策；在批评学生时，要关注学生的心理变化和认识的转变，及时转变批评教育的策略。

（三）换位思考，心理相融

心理相融是指人们在相处中彼此之间愿意接近、认同，进而进行交际的一种心理关系。班主任在批评学生时，应树立正确的学生观，要多站在学生的角度考虑问题，要有主动与学生沟通思想认识的愿望，要有对学生尊重、理解的情感与和蔼、真诚的态度，要与学生建立相互信任的合作关系。只有在这样的心理氛围中，批评才能取得良好的效果。

（四）迂回启发，保护自尊

班主任批评学生时必须牢记：切不可伤害学生的自尊心。学生的自尊心一旦受到伤害，必定会对老师产生对抗情绪和逆反心理，从而不思悔改，进而有意地违反纪律，以此表示对班主任的不满。对待学生的错误，“我们不仅要有一针见血，开门见山的直接批评教育，而且要有‘明修栈道，暗度陈仓’的迂回批评教育。这样可以避免教育者与学生的直接交锋，引导、帮助犯错误的学生消化、理解、醒悟，从而改正错误，使批评达到目的。”[1]

二、批评的艺术

（一）批评不忘鼓励

班主任对学生犯的错误要批评，对学生所取得的成绩也要及时鼓励，决不能因为犯了错误就把学生说得一无是处。班主任批评学生时不能只盯着学生的缺点而忘了闪光点，对犯了错误的学生所取得的成绩和进步更应及时予以肯定和鼓励，要让学生始终在“老师还信任我，我有希望”的心态中成长，使他们始终相信“我能行”。

（二）讲求语言的委婉

直言不讳常常被认为是一个人的优点，但直言并非处处适用、事事可行。在师生沟通中，班主任有些话虽然完全正确，但学生可能难以接受，这时，直言不讳效果一般就不太好。同样的内容，变换一下表达方式，用委婉的、学生更加容易接受的语言，效果也许更好。使语言缓和的方法有很多，如词语的变换、

---

[1] 焦健．班主任专业成长论［M］．南京：河海大学出版社，2007：270.

句式的变换及语气和语调的改变等，班主任可根据要表示的内容随时调整、组织。例如，一位班主任在听取班委有关春游活动的组织汇报时问："为什么每个同学的经费预算这么高呢？能否再节约点呢？"这种以询问的语气来表达自己意见的方式就显得温和而不强加于人。

（三）适当运用激将法

激将法是用反面的话刺激学生，使其自尊心从自我压抑中解脱出来从而奋发向上的方法。儿童心理学家比阿切说过：激将法是促进感情和智能成长的一个重要动力。运用激将法要慎重，要看准时机，注意分寸。班主任批评中如果能适当运用激将法，可以收到很好的效果。

（四）巧用幽默

提起批评，人们总认为是件严肃的事，却忘了幽默可以成为批评者和受批评者之间的润滑剂。巧用幽默，有时可收到意想不到的良好效果，因为用幽默的方式说出严肃的真理，比直截了当地提出更容易为人接受。

（五）用沉默增强教育效果

在师生交谈过程中，如果学生表现出心不在焉、注意力不够集中，班主任的沉默能起到一种提醒的作用，使学生集中注意力认真参与。班主任在做学生工作时，如果只顾自己滔滔不绝地讲，效果未必好，可适当保持短暂的沉默，给学生思考的时间，以使其更好地理解老师讲的道理。心理学研究表明，人们在交际过程中，如果一方适时沉默不语，另一方得不到对方的任何信息，就会被对方的沉默所慑服，从而服从对方的意志。班主任在批评教育学生的过程中恰当运用这一原理，可以增强威慑力，减少师生冲突，从而促使学生认识并改正缺点、错误。

第四节　班主任的操行评定艺术

一、操行评定概述

（一）什么是操行评定

操行评定也称操行评语，或称品德评定，是班主任根据一定的标准，以等第和评语的形式，对学生在学期或学年内的思想品德表现作出评价。操行评定是班主任专有的一项工作，也是班主任对学生进行教育的一种手段。为了科学、客观地评价学生的操行，学校可以召开班主任经验交流会，彼此借鉴沟通；可以以典型操行评定为蓝本，共同研讨以取得共识；可以以政教处为主组织对班主任操行评定工作的培训。

（二）操行评定的要求

进行操行评定前，班主任应掌握操行评定的要求和基本技能：首先，要了解学生操行评定的意义，提高掌握学生操行评定技能的自觉性；其次，要熟悉对学生进行操行评定的指导思想、基本原则，操行评定的等级以及写学生操行评语应注意的问题，知道应如何对学生进行操行评定；再次，要能够根据学校对学生进行操行评定的有关要求，熟练掌握操行评定的程序、方式和方法。

（三）操行评定的作用

1. 对学生有督促、鼓励的作用

通过评定，可以督促、鼓励学生对照《德育大纲》及其他有关规定，回顾自己的品行，了解自己在哪些方面做到、做好了，哪些方面没做到或没做好，哪些方面有缺点甚至犯了错误等。进行品德考核评价，必须要求学生对照国家颁发的《小学生守则》、《小学生日常行为规范》以及思想政治方面的要求，进行自我考核和同伴考核，促使学生明确学校和国家的有关规章制度，在客观上对学生起到强化纪律教育的作用，使学生个体逐渐自觉遵守纪律。

2. 对班主任和学校有全面检查工作的作用

学校可以从考核评价学生的信息中，了解学校前一阶段教育教学工作的开展情况，看看哪些方面取得了成功，哪些方面存在不足等，然后研究改进工作的办法。班主任可以全面地了解班级每个学生的操行情况、班级工作的整体情况、教育效果是否显著等。

3. 对家长配合学校教育有独特的作用

班主任在对学生进行操行评定时，要充分考虑家长这个因素，要让他们全面了解自己的孩子，提醒他们应该如何发扬孩子的优点，帮助孩子克服缺点，自觉地引导孩子在德、智、体、美各方面全面发展，按照学校和国家的要求，更好地配合学校对子女进行细致的教育。

二、操行评定的指导原则[1]

（一）明确目的，端正态度的原则

班主任定期对学生进行品德考核和评定，根本目的是把全体学生培养成为爱国的、具有社会公德和文明行为习惯的、遵纪守法的好公民。通过考核和评定，督促和激励学生发扬优点，克服缺点，按照规定的德育目标不断前进。否则，由于考核评定的目的不明确、教育思想和态度不端正而使考核评定在实践中“走样”、“变形”，不仅发挥不了考核评定应有的教育作用，而且会产生各种意想不到的严重后果。

[1] 杨同银．班主任工作技能训练指导［M］．北京：中国林业出版社，2001：213.

（二）坚持实事求是的原则

班主任要用全面发展的观点看待学生，既看学生的思想认识，又看其行为和态度；既看学生在校内的表现，又看学生在家庭和校外的表现；既看学生原有的基础，更需注意了解每一个学生的发展情况。坚持实事求是的原则，还意味着首先要做到客观、真实、准确：对学生的优点，既不抹杀也不夸大拔高；对学生的缺点和错误，既不掩盖也不随意上纲上线。在评定等级和写评语时，切实做到恰如其人、恰如其分。

（三）定性和定量相结合的原则

我国小学生的品德考核评定，长期以来都采用定性评价的办法。但由于缺乏比较客观的标准，没有规定数量为依据，在实际考核评定时，容易产生主观随意性，不能客观、真实、准确地考核评定学生的品德，弊端较多。因而，品德考核评定如何科学地量化，是一大难题。贯彻定性考核与定量考核相结合的原则，根据考核内容中各方面质的不同，将思想政治状况与行为习惯加以区分，将平常表现与突出事例加以区分，在各方面定性分析的基础上，采用优、良、及格、不及格四个等级加以考评，兼顾质与量两个方面的要求，是比较符合实际和能正确考评学生品德的一种办法。

（四）自评与他评相结合的原则

原国家教委颁发的《关于中学生品德评定的几点意见（试行稿）》指出："实行民主评定的方法。既要充分发挥班主任在考核评价中的作用，又要实行学生自评、小组互评，并征求任课教师的意见。对学生的意见既要尊重又要引导，防止压制民主或放任自流。"这个要求同样适用于小学生的品德评定。这样，学生就不只是考核评定的对象，而且是提高思想品德素养的主体。另一方面，还要有同学间的互评，使同学互相关心、互相帮助。经过同学推举的班级考评小组，严格对照标准，对每个同学作出评价。这样，既考核了一般同学，也使考评小组的成员得到了锻炼和提高。最后，班主任普遍征求任课教师的意见，再对每个学生作出评价。

三、操行评定的内容、等级和程序

（一）操行评定的内容

操行评定的内容主要包括思想品德、学习态度、义务劳动及其他社会活动四个方面。这四个方面既有各自的特定内容，又相互紧密联系。在评定时应在突出某方面的基础上，全面加以分析，综合给予评价，以表现每个学生的外观、内涵、道德全貌。

（二）操行评定的等级

根据学生在上述诸方面的表现，班主任对学生的操行可分别评为优秀、良好、及格、不及格四个等级。优秀：对评定内容规定的诸方面都做得好。良好：对评定内容规定的方面基本能做到。及格：对评定内容规定的大部分基本能做到，但在某些方面做得不好，有严重缺点或有错误，但已改正。不及格：对评定内容规定的大部分不能做到。

（三）操行评定的程序[1]

操行评定是自下而上的民主操作过程，一般可分为六个步骤：

1. 自我鉴定

学生个人先对照评价标准进行自我鉴定，总结自己取得的主要成绩和存在的主要问题，并提出今后努力的方向。

---

[1]　薛忠英，马凌涛．小学班主任工作［M］．北京：开明出版社，2006：190.

2. 小组评议

在学生个人自我评定以后，以自然小组或协作组为单位开展组内互评。互评时，组长先将自评结果向组员公布，征求组员意见，若组员无异议，则再由全体组员逐一陈述各自的自我鉴定结论；若组员有意见，尤其是分歧或意见较大时，则需陈述理由与事实根据，并允许被评人自我申辩，最后由小组共同形成评议修改意见。其他组员也依此程序依次进行。在小组评议时，班主任或任课教师要参与到各组中，及时了解、监控并指导各组评议。

3. 班级交流

小组评价后，可选出典型的、具有代表性的鉴定样板在班上宣读交流，以达到互相学习、互相启发的作用，进一步提高学生的自我分析评价能力。最后，各小组长向全班汇报本组评议结果，征求全班同学对本组成员评议结果的意见。在此过程中，班主任要注意适时导评，以保证给每个同学一个公正的评价，并真正提高大家参评、自评的能力与水平。

4. 班主任撰写评语初稿

在倾听了学生自评、小组互评、班级交流的基础上，结合综合评议结果与自己工作日记中该学生平时表现的记载与随机评价记录，经过认真思考，班主任开始用发展的眼光为每个学生“照相”，实事求是地撰写操行评语。

5. 向学生反馈评语初稿

初稿写好后，为达到操行评价促进学生发展与改进的目的，班主任可通过适当途径反馈给学生，征求学生本人的意见，从而更好地体现评价的民主性与全员参与性。这一小小举措，有助于赢得学生的信赖，增进师生的了解与友谊。

6. 向家长反馈

班主任将定稿后的评语誊写在《评价手册》或成绩册上，由学生带回家给父母过目。家长要在《评价手册》或成绩册上的“家长意见”栏或“学校与家庭联系”栏签署意见。开学初，由学生将《评价手册》或成绩册交给班主任，供班主任收集家长评价意见，以便学校与家长同心协力，共同教育好学生。

学生操行评语写出后，要做成适当的表格形式，交给学校存档。

四、撰写操行评语存在的问题

（一）模式单一，内容空洞

多年来，撰写评语的统一模式对教师影响很深，不但阻碍了其应有作用的发挥，而且产生了一些不良效果。如一些评语，或由于空洞无物，索然无味，失去了激励性；或由于生硬冷漠，措辞严厉，给孩子心灵造成了很大的压力，以致产生逆反心理；或由于缺乏对学生的全面了解，忽视了学生某方面的积极性，使学生得不到公正的评价，失去了应有的教育效果。这样的评语，教师“劳而无功”，学生“无动于衷”，家长“不得要领”。

（二）固守传统，缺乏针对性

操行评语内容上要避免模式化、程式化、千人一面；语言上要避免套话连篇、空洞模糊、千篇一律。如：“该生思想上积极要求进步，尊敬师长，团结同学。学习目标明确，态度端正，认真完成作业。热爱劳动，关心集体。希再接再厉。”这则毫无针对性的评语，只会使学生生厌，不利于师生之间的沟通。班主任要解放思想，大胆探索，根据不同年龄阶段学生的心理特点，“寓理于情”，使评语成为“师爱”教育功能之渠道，与学生沟通心灵，增进感情，增加理解，引导他们奋发向上，改变仅仅给学生一个所谓的“结论”就了事的传统做法。

（三）缺乏艺术性

命令式、指责式、鉴定式的评语都是缺乏艺术性的评语。当前比较流行的是谈心式、对话式、商讨式的评语，这些方式有利于建立平等和谐的师生关系，使学生保持一种积极的心态，有利于情感和思想的交流。一份完整的评语，应该包括三部分：赞扬进步，指出不足，提出建议。

（四）形式主义

当前在班主任操行评语的撰写中还存在着一种比较常见的问题，即形式主义，突出表现为班主任找班干部替写评语、让学生互写评语以及让学生自己给自己写评语等蒙混过关的做法。这种把权利交出去的行为并非是发扬民主，而应视为推卸责任。班主任有责任也有义务为学生写好操行评语。

五、撰写操行评语的艺术

（一）符合标准，切合实际

操行评语的标准是《小学生守则》和《小学生日常行为规范》。用这两把尺子去衡量每个学生，评价才会准确。最好根据以上标准制定出小学生思想品德水平评价标准，报学校主管领导批准。

有了标准，还要实事求是。班主任要想写出既符合每个学生实际情况又能起到鞭策鼓励作用的评语，最重要的是要靠平时对每个学生的深入了解。既要看其学习情况，又要看其参加社会重大活动中的表现；既要了解他的思想认识，又要了解他的作风和行为；既要看到他好的方面，也要看出他不足的地方。同时，要看他的发展变化，或时好时坏、忽冷忽热的规律。在此基础上，再加以综合分析，客观地摆出优、缺点。这样才能给学生指出下学期的前进方向，鼓励他们在成长的阶段中不断进步。

（二）掌握分寸，评价中肯

在肯定一个学生的优点和成绩时，要恰如其分。过高评价，会引起骄傲自满，反而成为他前进的包袱；过低评价，容易造成学生的自卑，使学生丧失前进的动力。在指出每个学生的缺点时，理由要充分，语言要恳切。过分指责或语言偏激，会使学生产生逆反心理，明知不对也不愿改。在写优秀学生的评语时，不要只写优点不涉及缺点；在写后进生评语时，不要只写缺点而不强调优点。班主任评价中肯，有助于学生理解、家长接受，成为激发学生奋发向上的力量。

（三）内容要具体，评语要有特点

评语切忌不痛不痒，没有特点。解决这个问题的主要方法，就是把内容写具体。如："你是那么的聪明伶俐，又是那么的勤奋好学，每一次考试你都名列前茅。但真正让我感动的是，在自愿为一名不相识的外班学生捐款的名单上竟然有你的名字。20元钱，对于许多同学可能不算什么，但对于常靠借钱才能交上伙食费的你来说，意味着什么，我太清楚了。那一刻，我的心灵震颤了！平时我总是批评你的字写得不好，可是看着捐款单上你的签名，我竟觉得愈看愈好看。我坚信不久的将来，你的字会和你的心灵一样美！"这样的操行评语会让学生兴奋，会让学生内疚。他们会化老师的关爱和期待为自觉行为，努力改正缺点，不断上进。

（四）要有重点，写出个性

操行评语应向富于个性化的方向发展，写出一个个活生生的学生来。操行评语应涉及德、智、体、美、劳诸方面，更重要的是，要使学生学会做人、学会做事、学会竞争、学会关心，从学生最闪光的地方入手，作具体生动的描绘。操行评语贴近学生生活、富有个性，会勾起学生美好的回忆，学生一旦发现自己的点点滴滴都被老师所关注，就会更加努力、更加自信，这就为教育创造了一个最佳时机。

（五）评价要全面

本着德、智、体、美、劳全面发展的原则，班主任写评语前要让学生立体化地出现在眼前，审视他们的各个方面，这样才能发现他们的突出点，抓住他们的主流，体现对学生的素质培养和养成教育。当学生看到这样的评语时，常常会被班主任无微不至的关怀所感动。

（六）要有情感

操行评语应向情感化方向发展。师爱不仅仅意味着教师有爱学生的情感，更重要的是要把这种积极、肯定的情感融入学生的心田。首先，教师要变“该生……”为“你……”。直接面对学生，用朋友的口吻，进行面对面的交流，学生读来感到亲切、温暖，感到老师在与他进行心与心的沟通，有利于促进其不断进步。其次，多一点“喝彩”，多一点“激励”。开发、肯定学生的积极因素，用积极因素克服消极因素，是教育成功的窍门。

第八章
形成班级教育合力的艺术

班级是学校进行教育教学工作的基本单位，各班级之间，班级与学校之间，班级与家庭、社会之间，存在着千丝万缕的联系。班主任是班级教育中的主要角色，是处理班级各种关系的关键人物，班主任要善于整合校内外各方面的教育力量，形成教育合力。[1]

第一节　班级教育合力概述

一、班级教育合力的内涵

班级教育合力是指在班主任的指导下，为了实现教育目标，以班级为基础，协调学校、家庭、社会各方面的教育资源，形成的整合一致的教育力量。在班级管理活动中，班主任并非唯一的教育者和管理者，家庭教育和社会教育也都在学生的成长中发挥

[1] 丁世杰 . 班主任要处理好八个关系［J］. 教学与管理，1999（8）：25.

着不同的作用，只有各方面的教育形成合力，班级管理目标才能最大程度地得以实现。作为班主任，要注意协调好校内外各方面的教育力量，使之有利于班级的管理和学生的发展。

班主任与社会教育和社会，与家庭教育和家长，与学生的社团组织（少先队、学生会等），都是一种相互协调的关系，为了一个目标，从各自的角度对学生施加正面、积极的影响，促进学生的健康成长，班主任做好各方面的协调工作是不可缺少的。从学校与社会、家庭的关系来说，学校对学生的成长负有直接的教育责任，同时，学校教育又必须得到社会、家庭的配合。在班级内部，班主任要处理好与少先队的关系；在学校内部，也有个"协调"问题，学校各部门之间、各班级之间，都要做好协调。班主任在班级管理过程中，只有发挥好了主导与核心作用，才能有效地促使班级全面均衡地发展。

二、班级教育合力的教育价值

学校、家庭、社会三方面的教育协调一致，相互配合，形成教育合力，对发挥班级教育的整体效应有着重要意义。

（一）有利于教育在时空上的衔接

家庭、社会和学校这三方面以不同的空间和时间形式占据了学生的整个生活，三方面中的任何一方面出现空白或失控，都将造成学生的各种教育无法有机地衔接起来，使学生在一定的时间、空间范围内放任自流，从而为一些不健康的东西乘机渗入提供机会。因此，家庭、社会和学校教育的衔接与协调，是整体化教育的重要内容。

（二）有利于教育在方向上的一致

在实际教育工作中常有这种情况，学生在学校所受的思想教育，在校外常常会被家长的几句“人生真谛”或者朋友的几句“肺腑之言”冲得一干二净。家庭、学校和社会三方面的教育，如果在基本方向上不能保持高度一致，那么它们各自的作用不仅会互相抵消，还会给学生的思想造成很大的混乱。班主任必须时刻对家庭、社会和学校教育的方向给予极大的关注，协调好三方面的教育方向，使之保持一致。

（三）有利于各种教育的互补增效

家庭、社会、学校三方面的教育不仅在时空上有所不同，而且在教育内容、教育方法、教育效果上也各有特点。如家庭教育中常伴有丰富的感情色彩和信任气氛；学校教育有严肃性、计划性、系统性和集体性的特点；社会教育在内容上具有多样性、实用性和补偿性的特点，教育方式也灵活多样。三方面的教育各有特点和优势，它们之间很难相互替代。只有把这三方面协调起来，取长补短，充分发挥它们各自的特长和多渠道一致影响的叠加效应，才能取得最佳的整体教育效能。

三、班主任在教育合力形成中的作用

学校、家庭、社会这三方面的教育在青少年教育中的作用和特点各不相同，不能相互代替，学校在这“三结合”的教育中应起主导作用。学校的班级管理工作主要通过班主任来进行，因此班主任在形成教育合力的过程中有着极为特殊的作用。

（一）班主任是联系任课教师和校内团队的纽带

任何学生的成长，都是教师努力的结果。班主任要主动与本班各任课教师加强联系，互通情况，统一要求，使本班各任课教师形成一个坚强的集体，发挥集体的优势，获取高质、高效的教育效果。

班级里的团队组织是班集体的核心力量。班主任不仅要依靠团队组织积极开展工作，而且要指导和帮助本班团队组织开展好工作，以充分发挥团队组织的作用，发挥每个团队成员在工作和学习上的模范作用，发挥学生集体的教育功能。

（二）班主任是连接学校、家庭和社会的桥梁

在协调学校、家庭、社会三方面的教育，使之协调一致，形成教育合力的过程中，班主任有着极为特殊和重要的作用。班主任可充分发挥沟通、连接学校与家庭以及与社会有关方面教育力量的桥梁和纽带作用，运用多种形式，积极主动地与学生家庭及社会有关方面互通情况，争取各方面的积极配合、密切合作，努力创造出一种良好的、总体一致的校内外环境，控制和消除不良环境对学生的消极影响，以保证学生健康发展，实现教育培养的日标。

第二节　班主任与校内教育合力的形成

班主任是班级学生的主管，但班集体在学校内不是一个完全独立的集体。班集体受学校领导，是在学校统一管理下活动的；班集体又与学校其他部门发生密切联系，班级学生受多位教师的教导。班集体的正常运行需要协调，学生所接受的各方面的教育也需要协调，这个协调人就是班主任。在校内的多种协调工作中，协调班级任课老师是班主任首要的工作。

一、班主任与任课教师形成教育合力

小学普遍开设了一系列课程，除了极少数规模较小、地处偏远的小学以外，各门课程都由不同的教师分别担任，给每个班级任课的所有教师共同承担着对该班学生的教育工作，他们是班级

中影响学生发展的重要力量。班主任要善于协调任课教师之间、任课教师与班级学生之间的关系，共同管理好班级。只有班级的全体教师形成凝聚力，才有利于建设健康、优秀的班集体。

（一）任课教师在班级管理中的优势

任课教师虽然不是班主任，但他们与班主任一样担负起教育学生、管理班级的使命，并且他们在班级教育中有着班主任所没有的优势：（1）学科教育的优势。任课教师本身所具有的学科优势，使他们很快就能打动学生的心，成为学生的偶像。（2）非班主任的优势。学生对班主任往往有一种戒备，甚至畏惧心理，因为班主任对他们有直接的评价权和决定权。但学生对任课教师的戒备或畏惧则少一些，他们也就更容易接近学生，更容易引起学生的好感，更容易关注到学生细微的变化。

班主任要认识到任课教师的优势，发挥任课教师的作用，发掘教师集体的潜力，实现教师集体的合作功能。

（二）与任课教师形成教育合力的策略

1. 达成共识

班主任要主动联系各任课教师，介绍本班学生的基本情况、共性和个性特点、思想和纪律表现、家庭概况，以及班干部的配备、有无新转来的学生及特殊学生等，使各任课教师及时了解班级学生的情况，帮助任课教师制订出针对本班特点的教学计划，使班集体的目标与任课教师的教学目标协调一致。

2. 尊重任课教师[1]

班级任课教师虽然所教学科不同，但劳动性质是一样的，要教育学生尊重每位任课教师和他们的劳动。班级的每位任课教师

---

[1] 彭在羹．变“个体经营”为“集体联营”——谈班主任和科任教师的配合［J］．班主任，2006（7）：10.

虽然面对的教育对象是相同的，但每门学科的教学任务不同、学科性质不一，教学目标要求也有差异；同时，每位教师各有自己的教学风格，教学经验的丰富程度也不同，教学成绩也高低不一，这一切都会影响学生对教师和教学效果的评价。所以班主任应主动向学生介绍每位任课教师的情况，使师生双方相互配合，尽快适应。

3. 满足合理需要

需要是人们行动积极性的动力和根源，班主任要争取任课教师的配合，首先要满足任课教师的合理需求。教师最为基本的需要是教学的成功和学生的尊敬，班主任应在班级中树立尊师爱生的良好风气，注意树立任课教师在学生中的威信，这样任课教师才会积极关心班级工作，促进学生的健康成长。

4. 正确处理师生冲突

学生与任课教师发生了矛盾冲突，不少任课教师会将矛盾交给班主任处理。遇到这种情况，班主任要冷静处理：首先，理解任课老师的做法，鼓励学生及时向任课老师道歉。其次，劝慰任课教师以大局为重，语气要委婉，态度要诚恳。再次，如果是任课教师本身的错，首先教育学生要理解教师的动机，同时要委婉而诚恳地与该教师一起分析原因，寻找解决方法。最后，矛盾解决后，班主任要继续进行耐心的、细致的思想工作，不断改进班级教育。

5. 邀请参加班级活动

班主任可以有意识地创造条件，亲自或通过学生邀请各任课教师参加本班的各项集体活动，以利于增进师生间的相互了解，密切师生关系，同时增强任课教师对学生活动的指导作用，提高教学效果，巩固班级中教师集体的教育作用。

二、班主任与学校团队组织形成教育合力

我国小学普遍设有少先队组织，它们是班主任搞好班级工作的重要力量。少先队组织主要通过开展丰富多彩的活动，对学生进行德、智、体等方面的教育培养，有着班主任不可替代的重要作用。班主任要与团队组织密切配合，统一要求，协调工作。

（一）团队组织在班级管理中的作用

1. 配合班级管理，树立共同的奋斗目标

团队组织引导学生心往一处想，劲往一处使，使班级内的每位同学都融入到团队中，能更好地引导学生树立远大的理想。少先队不是一般的群众组织，而是有着明确的奋斗目标的少年先锋组织。教育小学生心里牢记自己是祖国和人民的儿女，长大了要为祖国和人民去贡献一切，这对一个人的成长意义重大。

2. 配合班级管理，促进学生全面发展

少先队组织开展的丰富多彩的活动，对于促进小学生的全面发展有着重要的作用。很多少先队组织的活动是由小学生自己出主意、想办法、自己动手组织的，适合学生的愿望和兴趣要求，学生乐于参加，容易接受，这对于班级管理是十分有益的。

3. 配合班级管理，营造良好的班风和舆论

少先队组织有明确的职责和任务、严谨的组织原则和具体的活动计划。可以根据少先队员的兴趣和爱好，组织开展各种有意义的活动，在活动中培养少先队员的集体主义精神、主动性和创造性，以及遵守纪律、团结向上的良好风气。

（二）与学校团队组织形成教育合力的策略

1. 协调好与学校少先队大队委的关系

班主任与少先队组织的关系，不是上下级的领导关系，而是协同配合的关系。学校教育工作是在学校行政领导的具体安

排下进行的，团队工作必须服从学校的教育任务。班主任既要指导本班的团队干部搞好工作，使团队活动服从于学校的教育工作计划，又要尊重班级团队组织工作的独立性，按照学校大队委的工作安排开展活动。当班级工作与团队工作产生矛盾时，班主任要顾全大局，积极支持团队工作。

2. 协调好班委会和中队委的关系

班委会成员是班主任工作的得力助手，班主任直接领导和指挥班委会。班主任要处理好班委会和中队委的协调工作，使他们团结协作，充分发挥各自的教育作用。班主任要了解他们工作中遇到的困难，帮助他们解决各种问题，当他们在工作中产生矛盾时，要及时帮助他们消除矛盾，使他们能团结一致，搞好工作。

三、班主任与校内其他力量形成教育合力

（一）班主任与学校领导形成教育合力

班主任作为学校教育指标在班级工作中的落实者和执行者，须明确与领导的关系：在组织上属上下级，在职责上是平等协作。学校的校长、教导主任虽然也是教师，但其角色地位是班主任的领导者，他们肩负着对全校班级工作进行规划和指导的责任。班主任要自觉尊重他们的领导职能，主动汇报自己的班级工作，主动听取他们的指导意见。班主任要争取学校领导对班级工作的支持，争取学校领导参与班级教育活动。学校领导亲自为班级学生讲话、参与班级活动，会对学生产生其他教师实现不了的教育效果。

（二）班主任与其他班级形成教育合力

为对班级学生形成更好的教育效果，学校的其他平行班级或高年级班级的参与显得很重要。为培养班级学生的集体主义

精神，需要举行班级间的竞赛活动，需要班级内部进行良好的协调。为提高班级学生的学习成绩或提高班干部的工作能力，需要班级间的交流与合作。

（三）班主任与学校后勤工作者形成教育合力

学校的后勤工作者如门卫、生活老师、公寓管理员、其他工人等，对学生的成长都有影响。学校的门卫可以防止校外无关人员进校以及对学生进出校门进行良好的管理。

班主任在班级管理工作中要善于协调各种教育力量，对全班学生形成教育合力。

第三节　班主任与家庭形成教育合力

学生家长是社会的人，他们来自各行各业，个人修养、文化层次、心理差异都很大，学生的家庭情况也各不相同，这都会对学生产生深刻的影响。家长对孩子的要求、期望也是多种层次的。联合国教科文组织曾指出："提高教育改革效率的基本原则是密切家校之间的合作。家校合作是 21 世纪教育的职业精神之一。"[1] 所以，学校必须和家长联系、沟通，以便相互了解和理解，在教育孩子的理念、实际操作方面达成共识，形成教育的合力。这样班主任与家长建立一种"搭档关系"，履行教育儿童的"共同责任"。[2]

---

[1]　肖连富，吴文菊．班主任专业成长［M］．沈阳：辽宁人民出版社，2007：149.

[2]　张洪华．和而不同和合而生——家庭教育、学校教育和社会教育合作的生态分析［J］．当代教育论，2009（10）：8-10.

一、班主任与家长良好关系的建立

能否与家长建立起良好的关系，在很大程度上取决于教师，确切地说，是班主任的努力。班主任是学校与家庭联系的纽带，必须努力使双方在理解、平等、尊重、信任的基础上加强了解，做家长的朋友，成为家长教育的得力帮手、参谋、指导者。

（一）理解是建立良好关系的必要前提

误会的产生，往往是由于缺乏必要的了解，造成教师与家长之间互相埋怨，其实就是缺少沟通。每一个家庭都有各自的特点，存在的差异性很大，虽然每个家长都希望孩子成才，家长的学历、工作、家庭情况等因素却成为家长在教育学生时的制约因素。作为班主任，在了解了学生家庭的差异情况之后，更多的应该是理解。一个学生对于一个教师来说所占的可能是几十分之一，而一个孩子对于一个家庭来说绝对是百分之百，我们不该质疑家长对孩子的那份爱与教育。

（二）尊重是建立良好关系的基本原则

教师是班主任的职业角色，生活中也是孩子的家长或未来是孩子的家长，班主任在工作时要换位思考。许多班主任是爱学生的，但说话的时候不善于选择用词，有的时候说出来的话很伤害家长的自尊心。尤其是在学生犯错误时，班主任更要顾及家长的感受，尊重家长的想法，这样才有利于和家长形成合力，共同完成对学生的教育。

（三）平等是建立良好关系的核心理念

班主任与学生家长在人格上是平等的，因此不应该存在领导与被领导、教育与被教育的关系，而应该是一种十分重要的合作关系。从对学生的调查中发现，孩子们最怕老师“请”家长，因为他们知道，老师“请”家长准没有好事，这样做的教育效果可想而知。也正是因为这种不平等的关系，致使家长降低了与班主任合作的热情，同时也给学生造成了一定的心理压力，产生了负面影响。

（四）信任是建立良好关系的必要条件

班主任与家长之间的信任关系是相互的，教师的职业道德、教学能力、对学生的关爱等，都是家长非常关心的，因为这些直接关系到学生的健康成长。因此，这就要求班主任的工作要细致入微，关爱每个学生，对每个学生的成长负责，做家长信任的好老师。

二、与家长建立良好关系的途径

与家长建立起理解尊重的关系的途径是增加彼此的了解，在了解中沟通教育观念与教育方法。

（一）家访

家访是因材施教的具体表现，通过家访，可以与家长互通信息，准确地了解学生的情况，可以有针对性地进行教育。在家访时，班主任还要特别注意家访的内容和时机，要更加注意把那些积极的教育因素加入进去，使家长和孩子感到班主任的关爱与鼓励。

（二）家长会

家长会是教育信息沟通的更大场所，也是班主任与家长情感沟通的有利时机。班主任要组织家长交流经验，指导家长的教育方法，并且要虚心听取家长的意见和建议，尤其在家长会上要改变领导与被领导的关系，拉近彼此的距离，取得家长的配合。

（三）家长参与活动

打开校门，敞开教室大门，真正把家长请到学校中来，请到班级之中，邀请他们参与学校的教育教学活动，这将更有利于家长加强对学校工作和班主任工作的了解，提高对孩子的认识。

通过开展开放式的活动，在学校与家长之间架起了一座沟通的桥梁，为更好地教育学生提供了更强的动力。

三、与家长联系时的注意事项

作为教师，尤其是班主任，对于家长和学生而言都客观存在着强制力量，这种强制力量容易使我们在和家长的交流、交往中，不经意地带有某些错误的倾向，具体类型如下：

（一）功利心强

教师是一个奉献多于获得的职业，在工作中我们必须不断提高修养，在微薄的工资和无尽智慧、精力的奉献之间获得一种心理的平衡。对于后进生的家长，班主任会有一种抱怨情绪，这会让家长感觉班主任仅仅是为了自己，而不是孩子。对于优秀学生或有进步的学生的家长，班主任容易表白自己的付出，以便获得家长的认可和感激，这也会阻碍班主任与家长的有效交流。

（二）好为人师

老师的职业特点容易造成班主任好为人师的心理，在和家长的交流中，不注意倾听，不注意分析学生、家长的特殊情况，而急于抱怨学生、指责家长、指导家长。其实，很多家长都非常优秀，学生之所以成为“这样”，一定有特殊的理由。另外，指责、抱怨、教训、教育的口吻容易招致反感，不利于班主任了解实际情况，不利于家长与老师共同分析问题、解决问题，难以形成教育的合力。

（三）不体谅对方

每个家长都希望自己的孩子健康成长，但是家家都有难念的经。要对个体学生的教育有针对性，就一定要了解其家里的实际情况和特殊情况。班主任只有站在家长的立场为家长着想，站在学生的立场为学生着想，问题才容易解决。

（四）主观臆断

班主任所面对的学生多，个体差异大，任务繁重，于是在工作中不容易静下心来、深入下去，怕耽误时间，怕麻烦，从而不经意地采取一些主观、专断的做法。这将导致听不进解释，听不进意见和建议，从而导致处理问题简单化、形式化，让家长们、学生们望而却步。

第四节　班主任与社会形成教育合力

随着社会各界对终身学习的重视，中国社会将“改变以学校教育为中心的观念”[1],把社会教育提到举足轻重的位置。社会教育是指除学校、家庭之外的全部教育内容，包括社会团体、社会组织以及社会文化宣传教育机构对社会成员（特别是青少年）进行的各种形式的教育，以及社会大环境对学生的影响。社会教育是学校教育的延伸，是重要的校外教育阵地，整合社会教育力量是班主任的重要职责。

一、社会教育的特点

（一）全程性与广泛性

学校教育在一定的时间和空间内展开，因而是狭小的、有限的。而社会教育在时间上覆盖了个体生命的全部历程，体现了社

[1] 国家教育发展研究中心．发达国家教育改革的动向和趋势：第三集［M］．北京：人民教育出版社，1990：112.

会教育的全程性；凡有人群的地方就有社会教育，体现了空间上的广泛性。随着社会的发展，社会教育的空间更是不断扩展。

（二）多样性与开放性

社会教育机构、社会团体、社会文化宣传机关，各自担负着不同的任务，社会意识也纷繁复杂。它们对社会成员施加影响时，有着不同的内容和适合各自特点的表达方式。社会教育的对象具有全民性，不同年龄阶段、不同职业、不同文化程度和不同兴趣爱好的人，对社会教育有不同的需求，为满足人们各方面的需要，教育内容就必须丰富多彩，教育方式也必须灵活多样。

社会教育是一个开放的系统，它与社会的政治、经济、文化、科学、生活等有着千丝万缕的联系。儿童图书馆、少年业余体校和艺校、报刊、电影电视和社会文化等，这些都向全体青少年开放，对他们进行不同侧面的教育，体现着社会教育的开放性。

（三）实践性与复杂性

社会教育能使学生置身于丰富的社会生活和复杂的人际关系之中，接触大量的社会实际问题，从中分析问题、分辨是非，具有很强的实践性。同时，学生参加的多种社会活动，要靠自己的亲身实践去获取感性认识，培养实践能力。复杂的社会环境导致了社会教育作用的复杂性。社会环境的影响是自发的、偶然的、杂乱而无系统的，其中既有精华，也有糟粕，积极因素和消极因素交织在一起，使社会教育既有正面效应，也有负面效应，这就构成了社会教育的复杂性。

二、良好社会教育的作用

良好的社会教育对学生良好思想品德的形成具有重要作用，这主要体现在可以促使学生建立坚定正确的政治方向，强化学生的思想观念和培养优秀的道德品质。

（一）能使学生增长知识、发展能力

社会是一个大学校，它的五彩缤纷和深邃奥妙使青少年学生认识和了解到比在教室内传授的知识更丰富、更精彩、变化更迅速的世界，这不但使学生开阔了视野，还进一步从各方面发展了他们的能力。

（二）有利于丰富学生的精神生活

青少年学生活泼好动、精力充沛、兴趣广泛。社会教育空间广泛，是丰富学生精神生活取之不尽的源泉，通过社会教育，可使学生的精神面貌发生重大变化。

（三）有利于发展学生的兴趣、爱好和特长

青少年都有自己的兴趣和爱好，如果这些兴趣爱好能得到及时培养，就能发展成为学生的特长，促使学生在某一方面表现出特有的才华。但学校教育目前很难适应不同兴趣爱好和发展水平的学生的特殊需要，社会教育则可以弥补学校教育在这方面的不足，使他们在自己的兴趣领域施展才华，进而使他们运用自己的智慧独立地发现并解决问题。

三、班主任与社会形成教育合力的策略

（一）争取社会力量积极配合

班主任可以通过学校的力量，与当地的宣传、文化、教育管理部门，与街道办事处、派出所，共青团、妇联等群众团体加强联系，经常与他们共同研讨如何开展各项活动，促进学生的成长；班主任还可以与少年宫、文化宫、图书馆、影剧院、书店等文化教育机构及孤儿院、老年公寓等慈善机构建立固定联系，开展有意义的活动，提高校外教育效果；还可以请老工人、退休老

干部、交通警察等各条战线的先进人物担任班级的校外辅导员，加强学生的校外教育。

（二）组织学生进行社会实践

班主任可以组织开展寻访英烈活动，参观革命文物，组织学生进行力所能及的社会服务、公益劳动，让学生在社会实践中得到锻炼。对社会实践活动，要根据实际情况灵活安排，也可让学生利用假期自己安排活动。每次实践活动结束，要进行认真的总结、汇报、考评，使学生通过实践活动真正有所收获。

（三）帮助学生明辨是非，抑制消极影响

英国利兹大学的传播学者布朗等人把大众传媒看做使儿童社会化的一种独立因素，一种同家庭、学校等诸多因素共同起作用的因素。[1] 班主任要与学校领导一起，取得当地公安部门的支持与配合，整治好学校的周边环境，引导学生读好书，开展书评活动。对于犯了这样那样错误的学生，更要热情关怀，找出犯错误的原因，教育他们自觉抵制各种腐朽堕落思想的影响，在社会大环境中分清是非，提高认识。

---

[1] 严先元．大众传播与学校教育［M］//教育学文集：教育与社会发展．北京：人民教育出版社，1989：520.

第九章
小学生心理健康教育的艺术

什么是健康？随着社会的发展，人们不仅关心身体健康，也开始关心自己的心理健康。1989 年世界卫生组织对健康做了新的定义，认为健康是身体上、精神上和社会适应上的完好状态，而不仅仅是没有疾病和不虚弱。对于青少年而言，心理健康主要包括以下特征：智力正常，心境良好，意志健全，个性相对稳定，人际关系和社会适应良好，能够充分发挥自我的潜能，能够适应学习、生活和社会环境发展变化的需要。

第一节　小学生心理健康教育概述

我们知道健康的一半是心理健康，近年来中小学领导和老师们也认识到加强学生心理健康教育的重要性。如何加强小学生心理健康教育、促进他们人格的健全发展，是摆在广大老师，尤其是班主任面前的一项重要任务。

一、小学生心理健康教育的含义和目的

（一）小学生心理健康教育的含义

小学生心理健康教育是指根据小学生生理、心理发展的规律和特点，运用心理学的方法和技术，通过课堂教学、团体活动等多种途径提高小学生的心理水平，促进其潜能发挥、人格健全发展的教育。

（二）小学生心理健康教育的目的

小学生心理健康教育是素质教育的重要组成部分，要服从小学生素质教育的总目标，即以提高国民素质和民族创新能力为根本宗旨，以培养符合国家教育方针的人才为目的。其目的主要包括：

（1）要促使小学生形成健康的行为习惯。

（2）要维护小学生的心理健康，即减少和消除各种不良因素对其心理健康的影响。

（3）要增进小学生的心理健康，即根据小学生成长发育的规律、特点和需要，采取行之有效的方法，提高小学生的心理素质，促使其人格得到全面、和谐的发展。

二、影响小学生心理健康的因素

小学生心理健康发展受多种因素的影响。一般来说，影响小学生心理健康的因素主要有社会环境因素、家庭环境因素和学校教育因素。

（一）社会环境因素

社会环境因素主要包括政治、经济、文化教育、生活条件、治安、休闲娱乐活动。小学生生活在现实的社会环境之中，必然会受到周围环境的影响。

1. 政治、经济的影响

社会政治、经济生活是决定一个人生活方式的重要基础。当前我国处在社会政治、经济的转折期，社会不稳定的因素仍然很多，比如下岗等，加之社会保障制度不完善，使得人与人之间的信任度降低，现代人承担了更多的压力，这就会导致人们情绪上的不稳定，比如紧张、焦虑，人们的物质生活提高了，却感觉不到幸福。在这样的环境下，成人的情绪必然会影响到小学生，导致小学生情绪上及心理上的困扰。

2. 大众传媒、社区环境的影响

大众传媒在小学生的成长过程中起着非常重要的作用，既有好的，也有坏的。目前上网和看电视已经成了小学生生活的重要部分，网络和电视中的不良因素成为小学生心理问题的直接诱因。特别是网络，很多小学生沉溺其中，耽误了学业，影响了正常的生活，严重的形成了“网络综合征”，这一问题已成了人们普遍关注的社会现象。

社区环境对小学生的心理健康也起着非常重要的作用。现代社会环境污染、交通拥挤、住房紧张等问题使得人们的生活空间越来越小，这些都成为心理不健康的刺激源，导致小学生注意力不集中、焦虑紧张等。

（二）家庭环境因素

家庭是人生的起点，对一个人的成长起着举足轻重的作用，有人把家庭比作是性格的制造工厂，可见，家庭是影响小学生心理健康的重要因素之一。主要从以下几个方面来看：

1. 家庭关系

家庭关系主要指父母之间的关系，父母关系不和谐的家庭，比如父母经常吵架、无缘无故向孩子吼叫、打冷战等，孩子的心理压力较大，易形成不良的性格。

2. 家庭教养方式

家庭教养方式指父母对待孩子的方式。一般来说家庭教养方式主要有专制型、放任自流型和民主型，实践证明，前两种方式不利于孩子健康心理的形成和发展。

3. 父母的文化程度和心理素质

不言而喻，文化水平较高的父母在对待孩子的态度上较多地寻求科学的方法，较少依赖经验，能够主动与孩子建立良好的关系，更多地了解孩子的心理需要。再者，父母的心理素质对孩子的心理健康有非常重要的影响，很难想象心理不健康的父母能培养出心理健康的孩子。

4. 父母的榜样作用

小学阶段孩子的一个重要特点是模仿，对于这个阶段的孩子，身教的作用好于言传，所以家长要谨言慎行，为孩子做好榜样，否则，孩子可能会形成一些不良的行为模式，直至影响到心理的健康发展。

（三）学校教育因素

学校是小学生学习、生活的主要场所，学生的大部分时间都是在学校度过的。学校对小学生的心理健康影响极大，主要表现在以下几个方面：

1. 班集体

班级就像一个小家庭，一个班级是不是具有凝聚力，是不是具有积极向上的风气，对于班级内的每一个成员来讲，都起着重要的作用。班级中如果存在不利于学生成长的因素，将会对学生产生不利影响，比如有的学生长期受忽视，就容易形成悲观失望、自卑的心理。有的班级存在不健康的小群体，容易导致不团结，甚至出现严重的欺负行为，如果发现不及时，被欺负的同学长期生活在紧张和恐惧的情绪之中，容易留下心理阴影，不利于健康发展。

2. 学校环境

学校环境或直接或间接影响学生的心理健康，学校的自然环境、公共设施、教室环境等因素都会影响到小学生的心境，良好的环境使得小学生身心愉悦，不良的环境则使学生萎靡不振、心境不佳，影响学生的生活和学习效果。

3. 教师的心理素质

教师的心理素质对小学生的心理健康起着至关重要的影响作用，有较高心理素质的老师懂得尊重学生的身心特点，尊重学生的个别差异，不讽刺、挖苦学生，学生比较容易形成良好的人格特征。相反，心理不健康的老师，或者情绪化，或者用极端的方式对待学生，容易导致学生产生心理问题和心理障碍。

4. 教学内容和方法

素质教育要求教师不断改进教学方法，更新教学内容，尊重孩子的认知特点和年龄特点。但是在现实生活中，以分数评价学生的单一评价方式并没有发生多大变化，教学内容陈旧、教学方法单一的现象并没有发生太大的改变，这无疑不能调动学生的积极性和主动性，很多小学生害怕学习，考试焦虑，甚至出现厌学、逃学的现象。有的小学生为了逃避学习出现了躯体化的反应，一上学就发烧、头痛、肚子痛、嗜睡等，所以，认真贯彻落实素质教育精神，改进教学方法和教学内容，对提高小学生的学习兴趣，促进其身心健康发展都有着重要的意义。

三、小学生心理健康教育的原则

小学生心理健康教育在实践工作中要遵循以下几个原则：

（一）面向全体学生原则

小学生心理健康教育应以预防为主，个别矫治为辅，以提高全体小学生的心理健康水平为宗旨。在实际操作过程中，可以通过健康课、活动课或者讲座的形式向学生传授心理保健知识，提高他们维护自我心理健康的意识。对于少数学生出现的心理问题或心理障碍要做系统、全面的心理辅导，使每一个学生都健康发展。

（二）民主性原则

作为一名教师，要恪守职业道德，无论是在教学工作还是对学生的心理辅导工作中，把学生当成有血有肉、活生生的人对待，特别是对那些有心理困扰的学生，更要多一份爱心，多一份耐心，多一份尊重，多一份接纳和包容，民主地对待每一位学生。

（三）差异性原则

俗话说，世界上没有两片完全相同的树叶，也没有两个完全相同的人，正所谓“人有千面，各有不同”。小学生的差异性主要表现在群体心理发展的层次和水平上，这就要求我们在小学生心理健康教育的过程中，心理辅导的内容和方法都必须有针对性，必须符合不同年龄段小学生心理发展的特点。

（四）保密性原则

在心理辅导工作中，为求助对象保密是心理辅导老师的一项重要任务，甚至在整个心理辅导过程中，要向辅导对象反复说明保密原则。保密指的是关于对象的所有信息都要保密，不能告知当事人以外的任何人。小学生心理健康教育工作亦是如此。学生愿意向老师敞开心扉，是对老师的信任，如果泄密，可能会毁掉当事人的一生。

四、小学生心理健康教育的主要途径

（一）开设心理健康教育课

小学生健康心理辅导课应发挥课堂主渠道的重要作用，可以以一周一节课或者两节课的形式，面向全体小学生开设。其主要目的是向小学生传授心理健康基础知识，预防小学生出现心理问题。

（二）把心理健康教育融入学科教学之中

小学生心理健康教育不单单是心理健康老师的事，也不单单是班主任的事，各科老师在教学过程中，都应注意挖掘教学内容中有利于小学生身心健康的内容，应以高尚的人格感染、影响小学生，把心理健康教育与各科教学结合起来，这样才会达到事半功倍的效果。

（三）与班队会和课外活动相结合

班主任在班级管理的过程中，应充分地接触小学生，通过谈心、交流，深入小学生丰富多彩的内心世界，了解其内心体验和烦恼；把握小学生在不同情境中可能出现的心理问题和行为倾向，有针对性地开展主题班队会；开展丰富多彩、生动有趣的课外活动，如主题班会、讲演会、故事会、诗歌朗诵会、学科兴趣小组活动、少先队活动及各种形式的文娱体育活动，及时调整与辅导学生的心理，促进其养成良好的心理品质和行为习惯。

（四）规范心理辅导室和心理教师队伍

学校要从思想上重视学生的心理健康教育，建立专门的心理辅导室。辅导室的设置要符合规范，符合小学生心理发展的特点。心理辅导老师要经过心理学的专业培训，熟练掌握心理辅导的方法和技术，持证上岗。

小学生是祖国的花朵和未来，小学生心理健康教育既是素质教育的重要组成部分，也是素质教育的重要途径，是素质教育总体结构中的奠基性工程。让小学生拥有健康的心理，让每一位孩子快乐成长，是每一位教师义不容辞的责任和义务。

第二节　小学生常见心理问题及调适

一、小学生常见心理问题

随着学校心理健康教育的普及和人们对心理健康问题的关注，我国当前小学生心理健康状况总体上是良好的，但是调查发现，由于全国小学生基数大，即使有严重心理行为问题的学生比例只占百分之几，也是一个不小的数目，更何况一般的心理行为问题会发展成严重的心理问题。因此，我国小学生的心理健康状况不容乐观。概括起来，我国小学生的心理问题集中表现在以下几个方面：

（一）学习方面的问题

如学习障碍，主要表现为注意障碍、记忆障碍、思维障碍、考试焦虑等。

（二）人际关系方面的问题

主要表现为对周围的人和环境缺乏基本的信任感，不能和周围的人建立良好的关系，好斗或者过分胆怯、退缩，缺乏知心朋友，离群索居。

（三）情绪方面的问题

如情绪抑郁、冷漠、自卑等，过分焦虑引起的敏感、多疑、恐惧、烦躁不安，过度依赖等。

（四）行为方面的问题

如打人、骂人、破坏公共财物、说谎、偷窃、过分任性、离家出走等。

二、小学生常见心理问题的调适

（一）学习障碍及其调适

1. 学习障碍的含义

学习障碍主要指影响学生正常学习生活和学习活动的异常心理表现，主要表现为注意障碍、思维障碍、记忆障碍、考试焦虑等。

2. 矫治学习障碍的一般对策

（1）小学阶段主要应该培养学生对各科学习的浓厚兴趣，养成良好的学习习惯。

（2）进行注意力的训练，培养学生良好的注意品质。

（3）培养学生抗干扰的能力，在环境设施、教室设施上尽量减少不良刺激对学生的干扰。

（4）让学生养成及时复习的习惯，利用多种感官学习、掌握知识，劳逸结合，科学用脑。

3. 小学生考试焦虑的调适

（1）家长和教师应教给学生应对考试的策略和技巧

小学生掌握了正确的考试技巧，有助于他们克服考试焦虑情绪。这些方法主要包括：第一，试卷发下来以后，不要急于答题，要先把自己的基本信息填写清楚、完整，以免最后忘填、漏填；第二，在答题时，要养成先阅读题目要求的习惯，先审好题，然后作答；第三，答题过程中，要分清题目的难易，遇到不会做的题目，可以先放过，做到“先易后难”；第四，答题完毕，不要急于交卷，养成对题目做最后检查的习惯。

（2）教师要教给学生一些临场调控情绪的技巧

小学生掌握一些临场调控紧张情绪的方法，可以有效地缓解考试焦虑。在心理学中，常用的方法有自我暗示法和放松疗法等。当遇到紧张焦虑的情境时，可以用自我暗示法使自己慢慢平静下来，同时调整呼吸，多次深呼吸后，情绪就会放松下来。

（3）教师和家长要改变对小学生的评价方式，减少他们的学习压力

学习只是小学生成长过程中的一部分，分数并不是评价他们的唯一工具，所以无论是家长还是教师，都要有正确的育人观念，帮助学生认识考试的意义，端正考试动机，引导学生关注学习过程和掌握正确的学习方法，而不是过分看重最后的考试分数。

（二）小学生自卑心理及其调适

1. 小学生自卑心理的含义

自卑心理，是人们对自我的一种贬低性的评价，是对自我的不正确的认识。通常这种认识不符合本人的实际情况，有这种心理的人容易感觉事事不如人，缺乏自信，在情绪上容易悲观失望、烦恼苦闷，在行为上表现为不敢或者没有勇气去争取力所能及的事情，对于那些稍加努力就能完成的事情，也因为自叹弗如而放弃争取的机会。自卑心理是一种消极的情绪状态，一旦形成，会对人的长远发展造成不利的影响。

2. 小学生自卑心理的应对策略

（1）对孩子的评价应多以表扬为主

小学生对自我的评价主要来自周围的重要他人的评价，特别是父母和老师的评价，所以在日常生活中，对孩子的评价应以表扬为主，对事不对人，以免伤害孩子的自尊心和自信心。

（2）加强小学生自我肯定训练

自我肯定训练没有固定的模式，主要包括三个环节：一是情境分析；二是实际训练；三是迁移巩固。情境分析是针对受训学生不能表现自信的情境进行分析甄别，并讨论在这个情境中的适

应行为应该是什么；实际训练是指受训学生在辅导老师的指导下通过行为训练练习新的适应行为；迁移巩固是指受训学生在其他情境中运用学到的适应反应做出新的适应行为。[1]

（3）鼓励学生多参加社交活动

自卑感强的学生多数孤僻、不合群、不愿与人交往。心理学家认为，当人独处时，心理活动就会转向内部，长此以往，就会使人陷入自我的狭小空间不能自拔；而在与人交往的过程中，人的注意力逐渐转向外部，心理活动的空间加大，性格会逐步变得开朗。在交往中，学生还可以认识更多的朋友，知道他人的长处和优点，对于正确地自我评价有很好的帮助。

（三）小学生人际交往适应不良及其调试

1. 人际交往适应不良的含义

人际交往适应不良是指个体无法根据变化了的环境主动调整自己的人际关系模式和行为方式，由此引起的一系列的人际交往困扰。

人际交往适应不良会对小学生的生活、学习造成严重的影响，从而影响其个性的协调统一发展，导致产生一系列的心理问题。正如心理学家丁赞所说："所有的心理适应不良都来源于人际关系适应不良。"[2] 所以，对小学生进行人际交往辅导是非常有必要的。

2. 小学生人际交往适应不良的应对策略

（1）让学生学会一定的交往技巧

人际交往需要一定的技巧，当学生在交往中出现问题的时候，教师要适时进行引导，通过多种形式给学生创造交往的机

---

[1] 郭黎岩. 小学生心理健康与辅导［M］. 北京：高等教育出版社，2008：142.

[2] 吴才，保卫. 大学生心理健康［M］. 上海：华东师范大学出版社，2009：41.

会，比如团体活动就是一种很好的形式，可以让学生在活动中体验人与人之间应该尊重、包容、理解、合作，看到他人的长处和优点，知道自己的不足，以便于取长补短。对于平时不爱交往的学生，多给他讲话和自我表现的机会，提高他们交往的自信心。

（2）对学生加强心理调试

人的交往活动是一项非常复杂的活动，在交往过程中出现矛盾和冲突是正常的，要正确对待人际交往中的矛盾和冲突，采取合理的方法解决，同时让学生学会一些调控情绪的方法，减少人际交往中的冲突和摩擦。

（3）为孩子营造和谐的交往氛围

家长要做好榜样，为孩子创造和谐的交往氛围，多给孩子提供与人交往的机会。学校要及时发现孩子在交往中的问题，通过心理咨询室、心理信箱等途径对孩子进行必要的人际交往指导。

（四）小学生行为问题及其调适

1. 小学生行为问题的含义

小学生行为问题是指对他人或个人身心健康造成不良影响的行为，主要表现为偷窃、说谎、攻击、沉溺网络等。

2. 小学生行为问题的应对策略

（1）发挥家庭、学校、社会合力，共同解决小学生行为问题

小学生不良行为主要是受家庭、学校、社会的不良因素的影响而形成的，所以解决小学生一系列的行为问题，三方必须达成统一的意见，共同为孩子的健康成长承担责任。

（2）利用心理学的方法和技术

矫治小学生的行为问题，必须借助心理学的方法和技术，比如认知疗法、行为疗法、人本主义疗法等，必要时可以到专业心理机构做系统的咨询与辅导。

第三节　小学生心理健康教育的基本理论与技术

我国的学校心理健康教育兴起于20世纪80年代，受到心理学诸多流派的影响而出现了空前繁荣的局面，基于各个流派所建立起来的心理咨询与辅导的方法和技术得到迅速发展。本章主要介绍行为主义基本理论与技术、精神分析基本理论与技术以及认知疗法的基本理论及技术。

一、行为主义基本理论与技术

（一）行为主义基本理论

行为主义理论是美国霍布金斯大学著名心理学家华生于1913年创立的心理学流派。20世纪20年代，行为主义在美国迅速风行，该理论在20世纪50年代末至60年代初运用于心理咨询领域。华生认为，人类的行为都是后天习得的，环境决定了一个人的行为模式，无论是正常的行为还是病态的行为，都是经过学习而获得的，也可以通过学习而更改、增加或消除，认为查明了环境刺激与行为反应之间的规律性关系，就能根据刺激预知反应，或根据反应推断刺激，达到预测并控制动物和人的行为的目的。[1]该理论认为，通过对个体再训练、再强化的方法，即辅导他对周围环境中的刺激作新的适应反应，可以把异常的行为变为正常。

（二）行为主义治疗技术

1. 放松技术

放松技术主要包括肌肉放松、深呼吸、想象放松等方法使个体缓解紧张的情绪。

[1] http://baike.baidu.com/view/73577.htm.

2. 系统脱敏疗法

系统脱敏疗法也叫“交互抑制法”，是最早的行为矫正技术，最早由沃尔普创立。主要操作步骤为：肌肉放松；建立恐怖或焦虑的等级层次；系统脱敏。

3. 厌恶疗法

厌恶疗法指把不适应的行为与不愉快的刺激之间形成联系，以厌恶刺激减少或消除某些适应不良的行为。适用于戒除不良习惯，如酒癖、烟瘾、强迫观念、儿童不良习惯。

4. 强化疗法

强化疗法指系统地应用强化手段去增进某些适应行为，以减弱或消除某些不适应行为的心理治疗方法。主要包括：

（1）行为塑造技术：通过强化手段，矫正人的行为，使之逐步接近某种适应性行为模式的强化治疗技术。

（2）代币强化法：是使用有形的、可以得到实物奖励的正强化以促进适应性行为出现的方法。

5. 模仿学习疗法

个体通过观察其他人的行为反应就可以达到模仿学习的目的。

模仿学习可通过治疗者的示范，或采用听录音，看电影、电视或录像等方式。该技术对青少年形成良好的行为品质、适当的人际交往方式也是十分有益的。

二、精神分析基本理论与技术

（一）精神分析基本理论

精神分析理论认为，症状均具有特殊的意义，是本我的冲动、欲望与自我冲突的结果，是经伪装了的、无意识的症结。精神分析治疗的原理就在于寻找症状背后无意识的动机，使之走进意识的层面，即通过分析，使患者认识到其无意识中的症结所在，真正了解症状的真实意义，产生意识的领悟，以使症状消失。

（二）精神分析基本技术

1. 自由联想

患者被单独安置在一个安静的环境里，舒适地躺着或坐着，但必须把随时浮现在头脑中的任何想法毫无保留地倾诉出来，不管其重要与否，是否符合社会道德规范，是否感到羞耻、恐惧和厌恶，包括对治疗师的态度，都不要有任何约束和顾虑。患者在联想中，治疗师必要时可插话、解释，但应尽量少说话。最后，治疗师对患者所报告的材料加以分析和解释，揭示症状背后的无意识的动机、患者内心的矛盾冲突，以至揭示病的起因。

2. 释梦

弗洛伊德在1900年出版了《梦的释义》一书，书中认为神经症患者梦的内容与被压抑的无意识的幻想有着某种联系。他认为，睡眠时自我的控制减弱，无意识中的欲望得以表现，但是人的心理防御机制仍然存在，经过象征化、置换等方式伪装化，使梦的内容变得荒诞不经、难以理解，这是人们能讲出的梦的显意，其背后都有隐意，这是患者所不知道的。对梦的解释和分析，就是帮助患者把梦中无意识的真意暴露出来。

3. 移情

长时间的心理分析治疗，患者会把对自己父母、亲人的感情转移到治疗者身上，即把治疗者当成自己的父母、亲人，把儿童期的情感移到现实中。它是一种心理退行的表现，是无意识阻抗的特殊形式。在精神分析过程中，让患者回到儿童期与父母之间不正常的情绪关系，并且重新体验这种情绪关系；同时，通过对移情的解释，使患者领悟到其与治疗者的关系，这样就可以消除过去所留下的心理矛盾，从而达到治疗的目的。

4. 解释

这是在分析过程中最常用的技术，揭示症状背后的无意识动机，使患者对产生症状的内心矛盾冲突加以领悟。

三、认知疗法基本理论与技术

认知疗法是一组通过改变思维和行为的方法来改变不良认知，达到消除不良情绪和行为的短程的心理治疗方法。其中有代表性的是阿尔波特·埃利斯的合理情绪行为疗法、阿伦·贝克和雷米的认知疗法以及梅肯鲍姆的认知行为疗法。

美国心理学家艾利斯在20世纪50年代首创了合理情绪疗法。艾利斯曾经是一个很羞怯的人，特别是与异性接触时表现得非常焦虑。他发现自己的焦虑源于他头脑中的一些观念：他认为自己不能在社交中失败，否则自己就是一个命中注定在这方面永远会失败的人。于是他通过理性分析来驳斥这些信念，并通过实际行动加以纠正。

（一）合理情绪疗法的基本原理

合理情绪疗法旨在通过纯理性分析和逻辑思辨的途径，改变求助者的非理性观念，以帮助他解决情绪和行为的问题。

（二）核心理论——情绪ABC理论

该理论中的A是指诱发性事件（activting events）；B是指个体在遇到诱发事件之后，对该事件的看法、解释和评价，即信念（beliefs）；C是指事件发生后，个体的情绪及行为反应（consequences）。该理论认为A不是引起C的原因，B才引起C的直接原因。所以，如果人们改变了对事件的看法，不良的情绪和行为自然也会得到改善。

（三）不合理信念

该理论强调情绪困扰和行为不适都来源于个体的非理性信念。艾利斯在1962年通过临床观察，总结出了西方社会生活中具有普遍意义的11种非理性信念。心理学家韦斯勒（R.A.Wessler，1980）对上述11种不合理信念加以归纳和简化，指出它们主要具有绝对化要求、过分概括（以偏概全）及糟糕至极三个主要特征。

1. 绝对化要求

绝对化要求是指个体以自己的意愿为出发点，认为某一事物必定会发生或不会发生的信念。“一定要”、“必须”、“应该”是其表达过程中的核心词汇，如：我一定要获得成功；我必须得到别人的认可、赞许。

2. 过分概括

过分概括是一种以偏概全的不合理思维方式，典型特征是以某一件或几件事来评价自身或他人的整体价值。如：考试失败、交友失败，就认为自己“一无是处”或“毫无价值”，结果产生自责自罪、自卑自弃以及焦虑和抑郁情绪，认为世上没有好人，对他人敌对或攻击。

3. 糟糕至极

糟糕至极是一种对事物的可能后果非常可怕，认为非常糟糕，甚至是一种灾难预期的非理性信念。如：如果事情发展非己所愿，那将是一件可怕的事；人们要对危险随时随地地加以警惕，不断注意其发生的可能性。

（四）ABCDE模型

合理情绪疗法的实施原理，就是通过咨询，帮助来访者找出思维方式中的不合理信念并以合理的信念取代它。其具体的实施过程简称为 ABCDE 模型，操作步骤如下：

1. 找出不合理信念

通过访谈，找出来访者所关注与困扰的问题及问题背后不合理的信念及思维方式，帮助他们弄清楚不合理信念与他们的情绪、行为困扰之间的关系。

2. 指出不合理信念的根源

坦白、真诚地向来访者说明其困扰不是事件本身直接导致的，而是由自己的不合理的思维方式导致的，要改变情绪和行为的困扰，必须先改变不合理的思维方式。

3. 与不合理信念进行辩论

这是本疗法最关键的一个环节。通过与不合理信念进行辩论，帮助来访者改变其头脑中固有的不合逻辑与现实的认知，进而做到放弃这些不合理的信念，并在生活中努力践行，防止新的不合理信念产生。

4. 改变不合理的信念

咨询师要保持耐心和毅力，不仅要帮助来访者认清并放弃某些不合理的信念，还要从改变他们的不合理信念入手，切实有效地帮助他们学会以新的信念代替不合理的信念，以避免不合理信念对其情绪及行为的困扰。

因为“辩论”一词的英文字头是 D，“效果”一词的英文字头是 E，加入这两个字母，该疗法的整体模式就成为 ABCDE 了。其中 D 代表与不合理信念辩论，E 代表通过治疗达到新的情绪及行为的效果。

（五）治疗的技术与方法

1. 与不合理信念辩论的方法

与非理性信念辩论时，合理情绪疗法是最常用、最具特色、最有效的技术方法。辅导教师通过对辅导对象存在的不合理信念进行质疑，使其意识到并改变不合理信念。这种方法类似于苏格拉底的“产婆术”，即引导对方说出自己的观点，最终发现其不合理之处，这样辅导对象比较容易接受合理的观念。

2. 合理的情绪想象技术

步骤如下：

（1）引导来访者在想象中进入曾使他产生过情绪困扰或自感最受不了的情境之中，使来访者重新体验这种情境下的强烈的情绪反应。这一步非常重要。

（2）帮助和引导来访者改变这种不适当的情绪反应并体验适度的情绪。

（3）停止想象，让对方讲述他是怎样在想象中使自己的情绪发生了变化，发现影响其情绪反应的不合理信念，从而形成合理的认知。此时咨询师要鼓励和强化来访者形成新的合理信念并补充其他相关的合理信念。[1]

综上所述，小学生心理健康教育是素质教育的重要组成部分，因此，增进和维护小学生心理健康是每一位教育工作者值得冷静、深刻思考的重要课题。如今，人们称没有心理健康教育的学校教育是有缺陷的教育，培养出来的也必然是有缺陷的学生。所以，希望每一位教育工作者付出真爱，为孩子创造和谐的氛围，如春风化雨，如涓涓细流，时时刻刻滋润孩子幼小的心田，使他们在素质教育的沃土中，幸福地成长为具有健全人格的一代新人！

[1] 郭黎岩．小学生心理健康与辅导［M］．北京：高等教育出版社，2008：82.